UN248915

経営者のための商工会・商工会議所150%トコトン活用術

認定経営革新等支援機関
中小企業診断士
大田 一喜

同文舘出版

はじめに

商工会や商工会議所とは、どのような仕事をしているのか？　創業を考えている人、中小企業や小規模事業を営んでいる人のために、どのように役立つ支援をしてくれるのか？

あなたはこの問いに、どのくらい具体的に答えられますか？

実は、商工会や商工会議所の仕事を知ることで、「こんな制度を早く知っていればよかった……」「こんな援助があるのを知らなくて損をしていた……」というデメリットを回避できます。しかも負担するお金は少額で、費用対効果が非常に大きいのです。

あなたの身近にある商工会や商工会議所は、経営に関する様々な支援をしてくれます。この強い味方を多くの人に知っていただきたいと強く感じたエピソードを紹介します。

私が「中小企業や小規模事業者の皆様を支援する」という仕事にやりがいと重要性とを学んだのは、公的支援機関の経営支援専門員として従事していたときです。

創業を志す人、中小企業や小規模事業者の皆様のために、毎年、様々な施策などが打ち出されます。それらを知っていただくために、私はホームページにその情報を掲載したり、パンフレットを配布していました。しかし、施策などが多いために情報過多となり、「どの情報が自社に合うのかわからない」「どのようなときに、どこにどう相談をしたらいいかわからない」「パンフレットは受け取ったけど、なくしてしまった」という人が多くいました。

その結果、有効な情報を活用しきれていない状況になっていることがわかったのです。

私は国などから新しいパンフレットが配布されるたびに、企業の質問に即答できるように、すべての内容を覚えるように努めていました（もちろん、今も続けています）。しかし、情報量が膨大であるため、忘れることもあります。その対策としてパンフレット等はすべてファイルに綴って、企業を訪問するときにはいつも持参しました。

ファイルを見ながら説明をしていたとき、ある社長から、「そのファイルを整理したものがあると、大田さんにどのようなときに連絡すればいいかわかるし、チャンスも逃さないからうれしいな。それに事前に重要なポイントが自分でわかっていると、会話の理解度が高くなると思う。『知識は金』だけど、重要性や使用するタイミングがわからない知識は、知らないのと同じだよね」と言われたのです。

そのような経緯から、ぜひ商工会や商工会議所を活用して、経営に役立つ情報を有効かつ効率的に活かしていただきたいという思いを抱き、今回の出版に至りました。

いつも最新の情報を手にして、ワクワクしながら経営をしていただけたらと思います。


お金と人の不安を解消する経営パートナー　中小企業診断士　大田一喜

経営者のための
商工会・商工会議所150%トコトン活用術●もくじ

1章

商工会・商工会議所ってどんなところ？

2章 起業にチャレンジ!

3章 中小企業のホームドクターに相談しよう!

4章 新たな販路と人材を開拓しよう

7章 資金繰りに困ったらどうしたらいい？

8章 補助金をうまく活用しよう

9章 ビジネスの拡大・事業承継……経営者仲間を増やそう！

装丁・DTP　春日井　恵実

1 章

商工会・商工会議所ってどんなところ？

商工会・商工会議所って何をしているところ？

僕は「商工健人」

商工会・商工会議所と言っても、どんな役割を担っているのか、どんな業務をしているのか、よく知らない人も多いことでしょう。そこで「商工健人君」をリード役に、商工会・商工会議所とはどんな仕事をしているところなのかを見ていきましょう。

まずは僕の自己紹介から。

僕の名前は「商工健人」。高校を卒業してから地元を離れて、都会の飲食店で12年間修業をしました。30歳になり、自分の店を持とうと一大決心をして地元に帰ってきました。

しかし、飲食店をつくるにはいったい何から手をつけたらいいのかまったくわからず、途方に暮れて、隣に住む製造業を経営する社長のところに相談に行ってみることにしました。

健人「社長、お久しぶりです」

社長「久しぶりだね、健人君。元気にしていたの？　帰省しているのかい？」
健人「いえ、そうじゃないんです。実はですね、地元に戻って飲食店を開業しようと思っているんです。それで、本やネットで検索して勉強しているんですが、事業計画の立て方や融資の相談先などわからないことが多くて」
社長「なるほど、初めてならそうだよね。それなら、健人君の相談に乗ってくれるいいところがあるよ。商工会や商工会議所という名前を聞いたことはあるかい？」
健人「地元のお祭や市の商品券などで名前だけは聞いたことはありますけど、どんなところかはぜんぜん知らないです」

商工会・商工会議所の目的と役割

商工会と商工会議所は、中小企業・小規模企業のために、秘密厳守、**原則無料で経営相談や経営診断などを行なっている**という点で、基本的に共通した役割を持っています。

どちらも、「その地区内における商工業の総合的な改善発達を図り、兼ねて社会一般の福祉の増進に資することを目的に設立された認可法人」で、地域の総合経済団体です。

両者とも基本理念・目的は同じであり、以下の事項を守って運営されています。

・営利目的ではないこと

・特定の個人または法人、その他の団体の利益を目的として活動しないこと
・特定の政党のために活動しないこと

また商工会・商工会議所は、「商工会及び商工会議所による小規模事業者の支援に関する法律（小規模事業者支援法）」により、小規模事業者の経営の改善発達を支援する団体として位置づけられます。

このように、商工会と商工会議所は同じ理念・目的によって活動を行なっている団体ですが、根拠となる法律や管轄地域などに次のような違いがあります。

商工会は商工会法に基づいて主に町村区域に設立されており、全国に1667の商工会があります（「平成27年度商工会・連合会実態調査」より）。また各都道府県には商工会連合会があります。商工会の業務は、中小企業施策、とくに小規模企業施策に重点を置いており、事業の中心は経営改善普及事業です。

これに対して商工会議所は、商工会議所法に基づいて主に市部に設立されており、全国に515の商工会議所があります（平成29年4月現在）。地域の総合経済団体として中小企業支援事業のほか、国際的な活動を含めた幅広い事業を行なっています。

商工会と商工会議所にはこのような違いがありますが、**中小企業・小規模企業のために支援を行なう公的な団体**という点では同じなのです。

商工会と商工会議所の比較

区分	商工会	商工会議所
根拠法	商工会法	商工会議所法
目的	地区内における商工業の総合的な改善発達を図り、兼ねて社会一般の福祉の増進に資すること	
管轄官庁	経済産業省 中小企業庁	経済産業省 経済産業政策局
主たる地区※	町村の区域	市の区域(特別区を含む)
組織構成	全国商工会連合会、都道府県商工会連合会、商工会	日本商工会議所、都道府県商工会議所連合会、商工会議所
事務所数	全国に1,667ヶ所	全国に515ヶ所
議決権及び選挙権	総会の議決権・選挙権ともに1会員1個	会員は部会において、議員は議員総会において1人1個の表決権を保有。選挙権は会費口数に応じて1人最高50票
事業	中小企業施策、とくに小規模企業施策に重点を置いており、事業の中心は経営改善普及事業	地域の総合経済団体として中小企業支援のみならず、国際的な活動を含めた幅広い事業を実施
会員数	全国で約85万事業者等が加入	全国で125万の事業者等が加入

※原則として、同一の市町村内に複数存在することはないが、市町村合併などにより、以前の市町村の地区別ごとなどに存在する地方自治体もある。ただし、商工会議所および他の商工会と地区は重複しない

商工会・商工会議所ではどんなことをしてもらえるの？

社長「商工会や商工会議所について、どんなところか、わかったかな？」

健人「はい！　地域の企業のために支援をしてくれるということはわかりましたが、でも具体的にはどんなことをしてくれるのですか？」

社長「私は会社を設立して約30年になるけど、会社を経営していくというのは本当に大変なことなんだよ。

日常的な仕事だけでなく、事業計画を作成したり、お金が不足しそうになったら資金繰りをどうしようかと悩んだり、高額な機械を買うために銀行に融資を申し込む必要がある場合もあるしね。

もちろん、従業員のことも考えないといけない。それ以外にも、たくさん大変なことがあるんだよ」

健人「そんなに会社を経営するのって大変だったら、僕になんかできないかも……」

社長「大丈夫！　一人で悩む必要はないよ。健人君のように不安があったり、悩んでいる企業のために、商工会や商工会議所は経営に関する様々な支援をしてくれるんだよ」

中小企業・小規模事業者の「かかりつけ医」

商工会・商工会議所は、地域の中小企業・小規模事業者の「かかりつけ医」のような、頼りになる存在です。

皆さんの中にも、「かかりつけ医」を持っている人がいると思います。病気になったとき、真っ先に相談できる地域のお医者さんです。患者さんの身近にいて、肉体的な健康や心の悩みも含めて相談に乗ってくれます。気軽に健康相談ができる「パートナー」であり、また必要なときには、それにふさわしい専門医療機関を紹介してくれる「仲人」のような役割も担ってくれます。

私たちが日常生活を送っていくうえで健康上の悩みが出てくるように、会社を経営していると次ページのような悩みや要望を抱く社長も多いと思います。

その他にも会社経営をしていると、毎日たくさんの悩みが出てくるでしょう。「社長は孤独である」という言葉を耳にしたり、実感している人もいるかもしれません。しかし一人で悩むより、信頼できる人に相談してみるほうが、多くの場合、いい結果が出ます。

中小企業・小規模事業者の経営上の悩みのいろいろ

- ●赤字が続いているので、何とか業績を伸ばしたい
- ●新たに取引できる会社を見つけたい
- ●事業計画を作成したいけれど、まったく方法がわからない
- ●経営革新計画って、どんなものだろう
- ●帳簿のつけ方がわからない。決算申告はどのようにしたらいいの?
- ●決算書や試算表で黒字か赤字かはわかるけれど、どのように活用するもの?
- ●資金が不足していて返済を減らしたいけれど、金融機関への相談の仕方がわからない
- ●できるだけ負担を少なくするために専門家に相談したい
- ●活用できる補助金や助成金が知りたい
- ●有能な人材を育成・確保したい
- ●従業員を雇用したけれど、雇用保険や労災保険の手続きがわからない(煩雑)
- ●特許を取ろうと思うけれど、何からすればいいかわからない
- ●将来に備えて、今できることはないか知りたい
- ●従業員のために福利厚生を充実させたい
- ●同じ悩みを持つ経営者、異業種の経営者などと幅広く交流したい
- ●経営に役立つ様々な情報がほしい

商工会・商工会議所の主な経営支援

- 創業支援
- 経営相談・支援
- 税務相談・経理指導
- 金融相談・斡旋
- 取引、販路開拓支援
- 労務相談
- 分野別専門家派遣
- 補助金・助成金申請支援　など

全国の商工会や商工会議所には、長年の経験と豊富な知識を持っている、経営にくわしい「かかりつけ医」とも言うべき人（**経営指導員**）が配置されています。

そうした経営の相談員が、皆さんの相談に原則、無料で応じてくれるのです。相談への対応は窓口で行なうだけでなく、定期的に地域を巡回してアドバイスを行なっています。

詳細は後述しますが、主な経営支援は上記のとおりです。

商工会・商工会議所の様々なサービスを活用すれば、会費以上のメリットがあります。しかも、その会費は全額、経費として損金計上することが可能です。

公的団体という安心感もあるので、トコトン上手に活用しましょう。

どんな人が商工会・商工会議所に加入できるの？

健人「商工会・商工会議所について、どんなところなのか少しずつわかってきました。いろいろ経営に役立つメリットがあるようなので加入しようと思うのですが、誰でも加入できるのですか？」

社長「名前に『商工』とついているくらいだから、原則、地域で商業や工業を営んでいる人であれば、会員として加入することができるよ。しかも、商工業者だけしか加入できないというわけではないんだよ。

ただし、地域によって加入条件が異なることがあるから、事前に加入したい商工会や商工会議所に問い合わせておいたほうがいいね」

「商工会」の加入要件

商工会の会員は、様々な業種の事業者などで、全国で約85万事業者等が加入しています（「平成27年度商工会・連合会実態調査」より)。

原則、事業を営んでいる地域内で引き続き6ヶ月以上、事務所、営業所、工場または事業場などを有する事業者であれば、規模の大小にかかわらず、誰でも加入することができます。同業団体、経済関係団体、医療法人、学校法人、特定非営利活動法人などの事業活動を行なう団体、医師、歯科医師、助産婦なども加入対象です。

個人事業主でも、自宅兼事務所のSOHOの人、農林水産業で収穫物を店舗などで販売している人なら、加入することができます。

ただし、暴力団、暴力団構成員、準構成員、総会屋等、社会運動等標榜ゴロ、特殊知能暴力集団等、暴力団関係企業、その他の反社会的勢力である場合、または反社会的勢力であった場合など規約に定められているものは、入会が認められません。また、後に発覚した場合には退会となります。

会員の種類は、「法定会員」「定款会員」「特別会員」の3種類です。

法定会員とは、地域内で営業を行なっている個人の商工業者、株式会社や有限会社など、法人格を有する商工業者です。

定款会員とは、中小企業等協同組合、相互会社、信用金庫、公社、青色申告会、法人会、

商店会、医療法人、医師、歯科医師、助産師などを指し、総会での議決権はありません。

特別会員（賛助会員）とは、事業所が地域外にあるが、商工会の趣旨に賛同して会員となっている人ですが、総会での議決権はありません。

「商工会議所」の加入要件

商工会議所には、様々な業種の中小企業・個人事業主を中心に、全国で約１２５万事業者等が加入しています（平成27年3月現在）。

地域で引き続き6ヶ月以上、営業所、事務所、工場等を有し、事業を営んでいる商工業者であれば、規模・業種を問わず、法人・個人事業主、本店・支店にかかわらず加入することができます。

また、同業団体、経済関係団体、医療法人、学校法人、特定非営利活動法人、税理士法人などの団体・法人や、中小企業診断士、税理士、司法書士、行政書士、社会保険労務士、医師などの各種士業の人、会員として加入している法人・団体の役員の人も入会できます。

なお、当所地域外であっても商工会議所の趣旨に賛同する商工業者の人等は「特別会員」として加入することができます。特別会員は普通の会員とは違い、部会の所属と議員の選挙権・被選挙権がない会員ですが、事業・サービスは普通の会員と同様に受けられます。

ですから、地元の商工会議所と他地域の商工会議所の双方に加入することも可能です。そこで例えば、「他のエリアに事業を拡大して進出したいので、当該エリアのことをよく知りたい」「他のエリアの人脈を広げたい」といった考えのある人にはメリットがあるでしょう。ただし、暴力団、暴力団構成員、準構成員、総会屋等、社会運動等標榜ゴロ、特殊知能暴力集団等、暴力団関係企業、その他の反社会的勢力である場合、または反社会的勢力であった場合など規約に定められているものは、入会が認められません。また、後に発覚した場合には退会となります。

入会・脱会はいつでもできる？

両団体ともに会員企業のビジネスサポートを目的とした団体であるため、入会はいつでも自由にすることが可能です。また、年度途中での退会も可能です。

年度途中で入会した場合は、会費は月割または各期間に応じた金額を納入します。ただし、年度途中で退会した場合は、会費は返納されません。

年会費はどのくらい？加入手続きはどうする？

健人「商工会や商工会議所には、地域で6ヶ月以上、事業を営んでいれば加入できるんですね。だったら僕でも加入できますね！　だけど年会費がものすごく高いとか、入会に必要な書類がたくさんあったりするんじゃないですか？」

社長「健人君も加入してみる気になったか。商工会や商工会議所の年会費は、受けられるサービスに比べたら、ずっと安いものだ。費用対効果は抜群だよ！　入会申込書も1枚だけだし、私でも簡単に記入できたよ」

健人「社長でもできたのであれば、大丈夫ですね（笑）」

「商工会」の年会費

商工会費は各商工会の基準に応じて算出されます。年会費は中小企業であれば、1万2000円から2万4000円です。

例えば埼玉県の東松山市商工会では、個人事業主の年会費は「会費基準」1万8000円と、従業員の人数に基づく「従業員割」(1人から5人の場合は年1200円)の合計1万2000円が必要です。

愛知県のみよし商工会では、個人事業主の年会費は「平等割会費」5000円と「事業割会費」5000円、および「加入金」1000円を合計した1万1000円が必要です。

このように、会費基準は商工会によって異なるので、加入希望の商工会のホームページや電話で確認してください。

「商工会議所」の年会費

商工会議所の年会費は、資本金や従業員数など各商工会議所の基準に応じて算出されます。

例えば東京商工会議所の会員の場合、個人事業主の年会費は1口(1万円)以上、法人は資本金500万円未満の場合は1万5000円以上です。加えて個人事業主、法人ともに3000円の加入金が必要です。

大阪府の豊中商工会議所の場合は、個人事業主かつ従業員数5名以下の場合、年会費は4口で1万6000円、法人かつ従業員5名以下の場合は、5口で2万円です(年会費の基準は1口金額、年間4000円)。

入会手続きの流れ

ステップ1	資料請求（電話または来会。ホームページで可能なところもある）	ステップ3	理事会承認
ステップ2	入会申込み（持参または郵送。訪問回収してくれる場合もある）	ステップ4	会費の支払い
		ステップ5	入会

加入手続きに必要なもの

●入会申込書

●会社の印（個人事業主は個人印）、銀行口座番号、銀行印

●預金口座振替依頼書

このように年会費は全国一律ではなく、各商工会議所によって会費基準が異なります。商工会議所によって大幅に年会費が異なるということはありませんが、事前にホームページや電話などで加入を希望する商工会議所に確認することをお勧めします。

このほか、**「特定商工業者（※）」**に該当する場合は、会員か否かを問わず法定台帳に登録され、商工会議所法に基づき負担金の支払義務が課されます。

商工会議所は、企業の戸籍簿に相当する法定台帳を作成し、管理および運用しています。これに必要な費用を、経済産業大臣の許可を条件に特定商工業者に負担させることが認められています。負担があることで一見不利に思えますが、商工会議所には毎日多くの人か

ら商取引の斡旋・依頼があり、その回答（機密事項は除く）は法定台帳によってなされます。
したがって、特定商工業者は間接的に利益を受けることができるのです。

※「**特定商工業者**」とは、資本金または払込済出資総額が300万円以上の法人（東京商工会議所の場合は1000万円）、または従業員が商業・サービス業にあっては5名以上、製造業その他にあっては20名以上の法人ならびに個人事業主を指します。

年会費の支払方法

商工会・商工会議所ともに、加入年度は4月から翌年3月までです。年会費の支払いは一括、または上期と下期の2回に分けて行なうことが多くなっています。

原則は銀行からの自動振替のため、預金口座振替依頼書を提出する必要があります。ただし、何らかの事情により自動振替ができない場合は、持参および指定口座への振込も可能な場合もあるので相談してみてください。

なお、会費、加入金、特定商工業者負担金は、法人税法や所得税法で全額必要経費として損金算入が認められています。

商工会・商工会議所の職員との上手なつき合い方

健人「なるほど。会費も高くないし、ぜひ会員になってみようと思います。だけど職員の方ってスーツを着ているんですよね？　スーツ姿の人と話をするのってどうも敷居が高くて」

社長「ハハハッ。確かにスーツ姿の人と話す機会がないと、ちょっと緊張してしまうよね。でも、商工会や商工会議所の職員の人と積極的に話してみることを勧めるよ」

健人「でも重要な相談でないと、何をしに来たのって思われたら嫌だな」

社長「それは、もったいないよ。事前に商工会や商工会議所に話をしていたら、費用も手間ももっと少なくてすんだのに、もったいないことをしたなっていうことがあったよ」

健人「例えば、『従業員を雇用しようと思っているのですが』くらいのことでもいいのかな」

社長「いいと思うよ。従業員を雇用するときに活用できる施策や手続きなどで、もしかしたらいい方法を教えてくれるかもしれないしね。

僕なんて、『今度、結婚します』って伝えたら、妻の給与を必要経費にできる方法を教えてくれたよ」

健人「結婚の報告をして、役に立つことを教えてもらえたのですか！」

気軽に相談できる職員を見つけよう

商工会や商工会議所の職員はスーツを着用していることが多いので、お堅い役人のようなイメージを持っている人もいるかもしれません。また事務所も静かすぎて、何となく入りづらい雰囲気だなと感じてしまうこともあるかもしれません。

しかし、職員の皆さんは「地域の企業のためにお役に立ちたい」という熱意を持って働いているのですから、会員の人から話しかけられて嫌な気持ちになることは絶対にありません。むしろ、あなたと話ができることをうれしく思っているでしょう。

実際に来会して話をしてみればわかると思いますが、商工会や商工会議所の職員は明るい人が多いのです。初めはとっつきにくい印象でも、実際に話をしてみたら気さくな人だったということもよくあります。まずは来会してみることが大事です。

一度来会した後に重要なことは、気軽に電話をできる職員を早く見つけることです。初めて商工会や商工会議所を訪問したときに名刺交換をした職員や企業支援担当の職員など、誰でもかまいません。たくさんの職員が配属されていますが、フィーリングが合う人を見つけてください。

会社や店を経営をしていくうえでは、様々なことに遭遇すると思います。

あなたに困ったことがあったとき、些細なわからないことがあったとき、定期的に配布される会報に気になる記事があったときなどに、「○○さんなら話しやすいし、とりあえず電話してみようかな」と、気軽に連絡を取れる人を見つけることが非常に重要です。

「こんなことを聞いたら恥ずかしいかな」などと思うことなく、すぐに電話できる頼りになるパートナーを見つけることは本当に大事です。そのような職員がいれば、仮にその人が担当でなかったとしても、適切な人につないでくれて解決の道しるべをつくってくれます。

職員に積極的に話しかけよう

気軽に連絡ができる職員を見つける段階だけでなく、その後に商工会や商工会議所を訪問したときにも積極的に職員に話しかけてみましょう。

入口に顔写真と名前が記載された席図がある事務所も多いので、あなたから名前を呼びかけるのもいいでしょう。

名刺に顔写真がない場合もあるので、顔と名前が一致しないことを避けるために、携帯電話やスマホで写真を撮っておくといいでしょう。

話しかけようかなと思いつつも、あなたの担当ではないので挨拶程度にとどめておこうかな、という場合もあるかもしれません。しかし挨拶だけしかしないのは、非常にもったいないことです。

商工会や商工会議所にはいろいろな職員が配置されているので、様々な経歴、様々な得意分野を持った職員がいます。ビジネスチャンスはどこに転がっているかわかりません。もしかしたら職員との何気ない世間話の中に、意外な経営のヒントがあるかもしれません。

話しやすい職員に話しかけるだけでなく、たくさんのコネクションをつくっておくことで、あなたの情報アンテナは格段に広がります。また地域の景況やがんばっている他の会員企業の情報を聞くことで、やる気が出てくることもあります。

商工会や商工会議所は、企業に役立つ経営施策について日々勉強しているとともに、情報収集もしているので、様々な企業にとってのお宝がたくさんあります。

そのお宝を職員と上手につき合って引き出すためにも、あなたのほうから職員に積極的に話しかけていきましょう。

2章

起業にチャレンジ!

創業計画書の作成支援を受ける

健人「社長に言われたように早速、相談に行ってみたら、とても話しやすい職員さんがいました」
社長「それはよかったね。ところで創業に向けて計画書はつくっているのかな？」
健人「簡単なキーワードを書くフォーマットをもらったので、次回までにそれに記入します。でも創業計画書ってむずかしそうだから、とりあえずは経営指導員の方にお任せしようと思っています」
社長「確かに、経営指導員の方は様々なサポートをしてくれるけれど、何でもしてくれるわけではないからね。自分の事業なのだから、主体性を持って計画書を作成していかないと意味がないよ。

　自分の中で不明瞭な点があると文字にはできないので、創業計画書を作成する過程で考えることで、たくさんのことに気づくことができると思うよ」

健人「確かにそうですね。社長のアドバイスにしたがって自分で考えて作成していきます。でも、一人で考えていくのは何だか心細いな」
社長「もしかしたら、創業スクールか創業セミナーをやっているかもしれないから、調べてみるといいよ」

創業スクール・創業セミナーはどこでやっている?

中小企業庁のホームページによると、日本の企業の開業率は近年4～5%で推移しており、欧米の半分程度にとどまっています。とくに大都市圏以外の地域の開業率は低迷し、産業の新陳代謝が進んでいません。

そのような状況を打破するために、中小企業庁は創業に向けた動きを全国的に展開していく取り組みをしています。全国各地で実施される、一定要件を満たす創業支援講座を**「認定創業スクール」**として、地域における創業を活性化しようとしているのです。

認定創業スクールでは、地域において新たに創業を予定している人、創業に再チャレンジする人などを対象に、創業に向けたサポートを行ないます。商工会や商工会議所が認定創業スクールになっている地域もあるので、インターネットで『スクール検索　創業スクール』で検索して調べてみてください。

この他にも、創業セミナーを開催している商工会や商工会議所があります。商工会や商工会議所のホームページ、図書館のチラシコーナー、新聞の折込チラシ、テレビやラジオのＣＭでの告知など、様々な方法で周知されているので、日頃からアンテナを張っておきましょう。

創業スクール・創業セミナーはどのようなことをする？

創業スクールの研修コースは、36ページの４種類があります。創業スクールによって実施しているコースが異なるので確認が必要です。

創業セミナーは、個別指導やグループディスカッションを豊富に取り入れた、ゼミ形式の講座運営が多くなっています。

これまでに実施されたセミナーの内容は、例えば下記のようなものがあります。最寄りの商工会や商工会議所でも類似した内容のセミナーが開催されると思いますので、ぜひ参加してみてください。

・ビジネスプランの作成ポイントについて、初めての人にもわかりやすく解説しながら、セミナーを通して自分の計画を作成

・創業分野の中でも関心の高い業種やカテゴリー別に毎回テーマを設定し、各業界特有の事情や開業ノウハウ、開業に必要な知識などをそれぞれの切り口から解説
・個人と法人の開業手続き、個人事業の開業手続き（説明と実習）、確定申告までの流れなど、創業の基礎知識を習得

創業スクールや創業セミナーは、あなたと同じように創業を志す多くの仲間が参加しています。

そのような人と知己を得る機会はなかなかないので、自分から話しかけて知り合いになれば、あなたが悩んでいるときや苦しいときに、きっと力になってくれるはずです。

創業スクールの4つの研修コース

ベーシックコース

創業時に必要となる「経営に関する知識・ノウハウ」、および「起業・事業運営に伴う各種手続き」「資金調達」などの実務ポイントを一体的かつ体系的に学習できます。

ビジネスプランの作成支援も実施しています。

受講料（税込）1万800円。

第二創業コース

第二創業を予定している人を対象とし、業務転換や新事業・新分野に進出する際に重要となる経営環境分析、マーケティング、資金調達等の具体的手法について学びます。

受講料（税込）5400円。

女性起業家コース

ベーシックコースの学習内容に加えて、女性ならではの視点を活かした商品・サービス開発やライフイベントとの両立、女性起業家の体験談など、女性特有の学習ポイントをカリキュラムに盛り込んでいます。

受講料（税込）1万800円。

業種別コース

ベーシックコースの学習内容に加えて、サービス産業における事業の生産性向上・付加価値増大のポイントをカリキュラムに盛り込んでいます。

受講料（税込）1万800円。

創業の資金調達方法にはどんなものがある？

健人「すごくたいへんでしたが、創業計画書が作成できました。
自分の店を開業したいなと思って地元に帰ってきたんですけど、そのころの思いは漠然としていました。でも経営指導員の方といろいろな話をしたり、アドバイスを受けながら創業計画書を作成してみると、イメージが鮮明になってますますやる気が出てきました」

社長「事業計画書は、今後も定期的に見直して状況に応じて修正していくことも大事だからね。
ところでこの創業計画書を見ると、お金が1200万円必要だけど、どのくらい貯金はあるの？　金融機関から借り入れをする予定はあるの？」

健人「貯金が400万円と親が200万円貸してくれて、残りを銀行から借りるつもりです。これから創業計画書を持って、近くの銀行に行ってみようと思っています」

社長「すぐに銀行に行くのもいいけど、まず経営指導員の方に相談してみたら？　お得な情報があるかもしれないよ」

2つの公的創業融資制度

これから創業しようとする人は実績がないため、民間の金融機関から直接融資を受けようとすると（**プロパー融資**）、少し高いハードルがあります。

そこで、創業時によく活用されるのが公的創業融資です。主な公的創業融資としては、**日本政策金融公庫**の創業者向けの融資制度と都道府県、市区町村などの**「制度融資」**があります。

日本政策金融公庫は、政府が全額出資している政府系金融機関です。全国に152支店あり、毎年約2万社に創業費用を融資して、積極的に創業支援を行なっています。商工会議所・商工会、生活衛生同業組合、並びに中小企業診断士、税理士などの高い専門性を有する「認定支援機関」とも密接に連携して支援を行なっています。

日本政策金融公庫の創業者向けの主な融資制度は次ページのとおりです。

次に、都道府県、市区町村などの「制度融資」（詳細は177ページ参照）は、自治体が管轄する地区の個人事業主や中小企業へのサポートを目的として、自治体と信用保証協会が協力して提供している融資制度です。

日本政策金融公庫の主な創業者向けの融資制度

新創業融資制度

事業計画等の審査を通じ、無担保・無保証人で受けられる融資制度であり、創業者や税務申告を2期終えていない人が対象

新規開業資金

新たに事業を始める人や事業開始後概ね7年以内の人が対象

女性、若者／シニア起業家支援資金

女性または35歳未満か55歳以上であって、新たに事業を始める人や事業開始後概ね7年以内の人が対象。優遇金利あり

再チャレンジ支援融資

廃業歴等のある人などで一定の要件に該当し、新たに開業する人、または開業後概ね7年以内の人が対象

信用保証協会とは、中小企業等の金融円滑化のために設立された公的機関であり、各都道府県のほか、市単位で横浜市、川崎市、名古屋市、岐阜市の４団体があります。

融資を受ける際には、信用保証協会が「公共的な保証人」となって、中小企業等と金融機関とを結びつける「かけ橋」の役目をはたしてくれます。金融機関は信用保証協会が保証をしてくれることで融資をしやすくなるので、実績のない創業者向けの融資制度もあります。

「制度融資」は、その数が豊富で要件もいろいろあり、内容が頻繁に変わります。インターネットで『自治体名　制度融資』（例：東京都　制度融資）と検索すると、要件や必要書類が載っている都道府県のサ

	日本政策金融公庫	制度融資
特徴	●固定金利 ●様々な金利引き下げ措置がある ●民間金融機関のプロパー融資と比較して金利が低い ●無担保・無保証人で借りられる制度もある ●長期返済が基本のため、返済にゆとりが持てる ●据置期間（金利だけを払って元本を返済しなくてもいい期間）が長い ●申込みから融資実行まで約1ケ月とスピードが速い（即日、融資決定する場合もある）	●固定金利または変動金利（自治体によって異なる） ●民間金融機関のプロパー融資と比較して金利が低い ●原則として、法人は代表者の連帯保証だけで、第三者保証は不要 ●長期返済が基本のため、返済にゆとりが持てる ●金利、信用保証料の一部を負担してくれる自治体もある
注意点	●新創業融資制度は、創業時において創業資金総額の10分の1以上の自己資金が必要 ●ただし、「現在お勤めの企業と同じ業種の事業を始める方」、「産業競争力強化法に定める認定特定創業支援事業を受けて事業を始める方」等に該当する場合は、免除される	●金融機関と信用保証協会で審査するため、融資実行までに時間がかかる ●住民税や個人事業税などの税金滞納がないことが条件 ●金融機関に支払う金利とは別に信用保証料が必要

イト等が見つかります。

悩むより相談に行ったほうが早い

日本政策金融公庫の融資と都道府県、市区町村などの「制度融資」にはたくさんのメニューがあるので、どの融資制度を利用すればいいのか迷うでしょう。

しかし、融資の内容や要件を見て悩むよりも、商工会や商工会議所に行って相談するほうが近道です。専門的知識のある経営指導員が、あなたに合った融資制度を選択してくれます。

創業時の資金調達の流れ

健人「経営指導員の方に電話で相談してみたら、日本政策金融公庫の融資を勧められました。そこで融資の話を進めていきたいと思っていますが、どんな書類が必要なのかなど予習しておきたいのですが、どうすればいいんですか？」
社長「日本政策金融公庫のホームページを見たことはあるかな？」
健人「1回も見たことないです」
社長「インターネットで『日本政策金融公庫　創業計画書』と検索すると、融資に必要な借入申込書や創業計画書等の様式をダウンロードすることができるよ。このサイトには様々な業種の記入例もあるから参考になるよ」

事業計画書の注意点

融資をスムーズにするためには**事業計画書**が非常に重要です。

事業計画書とは、**創業計画書**と創業計画書の根拠をまとめた書類を指します。

指定された書類以外は必ずしも提出する必要はありません。しかし、創業計画書の様式に『ほかに参考となる資料がございましたら、併せてご提出ください』と記載があるように、根拠資料を添付したほうがより説得力が増します。

なぜなら日本政策金融公庫の融資担当者は、多くの事例を見てきています。事業計画書を見ただけで、どのくらいの時間をかけて作成してきたか、すなわちあなたの熱意がわかるからです。

次に、融資における面談の時間は概ね1時間くらいです。面談で質問されそうな内容は経営指導員がわかっているので、事前に相談して準備しておきましょう。面談のときに経営指導員に同席してもらえないか、お願いしてもいいと思います。

事業計画書の完成度が高ければ、面談の時間はそれほどかからない場合もあります。逆に完成度が低ければ、宿題をもらって改めて面談をすることになるかもしれません。

面談が終了したら、公庫の内部で協議されて、あなたに結果が通知されます。

融資が決定した場合は、融資実行のために必要な書類が公庫から届きます。不明な点がある場合は公庫に確認しましょう。

なお、「制度融資」の場合は、金融機関の審査のあとに信用保証協会の審査も必要です。

日本政策金融公庫の利用の流れ

相談	最寄りの商工会・商工会議所に相談
申込み	日本政策金融公庫に申込書や事業計画書等を提出
面談	約1週間から10日後に支店で審査担当者と面談 事業計画のヒアリング、店舗等の創業予定地の確認
審査	約2週間後に結果通知
融資	必要書類を提出。完了次第、銀行口座に振込
返済	原則、月賦払い

融資申込時に必要な書類

●借入申込書
●事業計画書
●見積書（設備資金の申込みの場合）
●履歴事項全部証明書または登記簿謄本（法人の場合）
●不動産の登記簿謄本または登記事項証明書（担保を希望の場合）
●生活衛生関係の事業を営む人は、都道府県知事の「推せん書」（借入申込金額が500万円以下の場合は不要）、または生活衛生同業組合の「振興事業に係る資金証明書」

都道府県、市区町村などの「制度融資」の利用の流れ

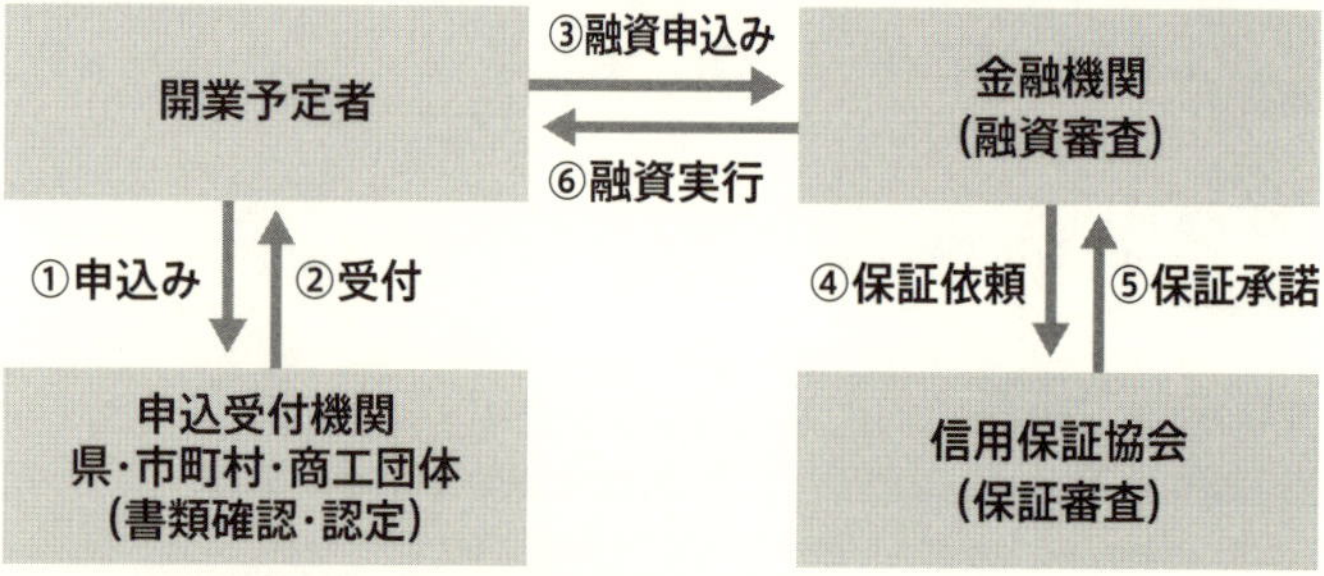

①申込受付機関に必要書類を提出

②申込受付機関が融資申込書の記載内容をチェック

③開業予定者は融資申込書を金融機関に提出

④金融機関が「融資が適当」と認めたときは、信用保証協会に保証依頼をする

⑤信用保証協会が「保証が適当」と認めたときは、金融機関に信用保証書を交付

⑥金融機関が開業予定者に融資を実行する

融資申込時に必要な書類

- 履歴事項全部証明書（法人企業のみ必要）
- 確定申告書、決算書（2期分）
- 試算表（決算後3ヶ月以上経過している法人企業）
- 所得税（法人税）、事業税、住民税などの納税証明書
- 借入金明細（借入先別の内訳）
- 許認可業種の場合は、その番号と取得（更新）年月日
- 設備資金借入の場合はその見積書、契約書等

創業時に使える補助金・助成金を活用する

健人「融資の話はうまくいきそうです。それはよかったんですが、友だちから創業するなら補助金がもらえるかもしれないと聞いたのですが、どういうことかご存じですか」

社長「創業のときだけでなく、いろいろな場面で補助金が活用できるよ。そのほかに助成金というものもあって、お店を経営をしていくうえでサポートしてもらえるよ」

補助金・助成金の種類

創業時に活用できる補助金・助成金などは、大きく分類すると以下の４つがあります。

①経済産業省系の補助金
②厚生労働省の助成金・手当
③自治体独自の補助金・助成金
④各種の財団などの補助金・助成金

補助金・助成金は全国で数百種類以上あると言われており、非常に多くの選択肢があるので情報収集をしっかり行ない、適切な選択をすることです。

助成金とはどういうものか

助成金とは、都道府県・市区町村が取り扱っている企業支援金のことです。一定の条件を満たせば助成金をもらうことができますし、融資と違って返済する必要もありません。原則として通年で申請を受け付けており、条件をクリアすれば給付されます。

その意味では、後述する補助金よりも助成金のほうがハードルが低いため、利用しやすいと言えます。

ただし、申請するとすぐに助成金がもらえると思う人もいるかもしれませんが、助成金が受給できるまでには申請してから1~2年以上かかるものもあります。対象となる経費を実際に支払って、それが要件に合致していることが確認されてから助成金の支給決定がなされるからです。

したがって、必要な経費分の資金を用意しておく必要があり、**事業資金を調達するものではない**ということには注意してください。

また、予算が上限に達して申請受付が終了している可能性があるので、助成金が受給できなくても支障のない事業計画を立てる必要があります。

補助金とはどういうものか

補助金は主に経済産業省等の官公庁や都道府県・市区町村で取り扱っている公募制の企業支援金のことであり、助成金と同様、返済する必要はありません。

補助金の中には受付期間が決まっているものもあり、予算も限られているため、応募しても採択されない可能性があります。補助を受けられるのは、事業全部または一部の費用であるため、補助対象となる経費・補助割合・上限額などを確認しておく必要があります。

補助金は原則として後払い（精算払い）であるため、事業を実施した後（補助対象期間終了後）に報告書等の必要書類を提出して検査を受けた後、受け取ることになります。したがって、補助金を受け取るまで資金繰りが回るように注意が必要です。

補助金や助成金に関する情報は、商工会や商工会議所の職員も巡回などによって周知を徹底していますが、皆さん自身でも情報収集を心がけておくべきです。日頃からアンテナを張っておけば、「知っていれば活用できたのに」という悔しい思いをしなくてすみます。

補助金・助成金については各自治体のホームページや**ミラサポ**（※）で確認できますが、

創業時に使える補助金・助成金の一部

地域創造的起業補助金　経済産業省中小企業庁

補助対象経費	人件費、店舗等借入費や設備費などの創業に要する費用
補助率	1／2以内
補助金額	①外部資金調達がない場合:50万円以上100万円以内 ②外部資金調達がある場合:50万円以上200万円以内

再就職手当　厚生労働省

要件	雇用保険の受給資格者自らが、雇用保険の適用事業の事業主となって雇用保険の被保険者を雇用する場合や、事業の開始により自立することができると認められる場合について、事業開始日の前日における基本手当の支給残日数が所定給付日数の3分の1以上あり、一定の要件に該当すれば支給されます。
支給額	原則:基本手当日額×支給残日数×10分の6 早期再就職者:基本手当日額×支給残日数×10分の7

尾道市創業支援補助金　広島県尾道市

補助対象経費	事業所開設の整備に要する経費 (建物の改修または修繕に要する経費)
補助率	1／2以内
補助限度額	50万円

東京都創業助成事業　公益財団法人東京都中小企業振興公社

補助対象経費	従業員人件費、賃借料、専門家謝金、 産業財産権出願・導入費、広告費、備品費
助成率	2／3以内
助成限度額	300万円

商工会や商工会議所から定期的に配布される会報やホームページ、メールマガジン等を日頃から注意して見ておくと、タイムリーに情報を収集することができます。

日頃から商工会や商工会議所の職員とコミュニケーションをとって情報共有していると、あなたに適したものの応募期間が始まったときに教えてもらえたりします。また会報などを見て気になるものがあったら、気軽に相談するといいでしょう。

※**ミラサポ**とは、中小企業庁の委託により運営されている、全国の中小企業・小規模事業者とその支援を行なう支援機関や専門家のためのインターネットサービスです。インターネットで『ミラサポ』と検索してみてください。

許認可届・開業届などに必要な手続きをするために

開業するにあたっては、多くの手続きが必要です。個人事業主または法人なのかで多少の違いはありますが、従業員を雇用する場合には税務署や労働基準監督署などで各種の手続きを行なわなければなりません。手続きはたいへんですが、手続きを行なうことで有利になることもあります。例えば個人事業主ならば、**「所得税の青色申告承認申請書」**を提出しておくことで、税制上の優遇措置を受けられます。**「青色事業専従者給与に関する届出書」**を提出しておくことで、一定の要件を満たせば家族や親族への給与が経費として認められます。

また事業を営む業種によっては、許可や届出などが必要になる場合があります。必要な許可を受けずに営業を行なうと刑事罰が課されたり、営業停止になったりするので注意が必要です。どのような許認可が必要なのか、きちんと確認しておく必要があります。

商工会や商工会議所では、開業時に必要な諸々の手続きのフォローをしてくれたり、あなたに有利な情報があれば教えてくれます。

個人事業主が創業・開業時に必要な主な届出書類

届出書類	届出先	届出期限
個人事業の開業等届出書	税務署	開業の日から1ヶ月以内
個人事業開始等申告書	都道府県 税事務所	開業の日から1ヶ月以内
開業等届出書	市町村役場	開業後すみやかに
所得税の棚卸資産の 評価方法の届出書	税務署	確定申告書の 提出期限まで
所得税の減価償却資産の 償却方法の届出書	税務署	確定申告書の 提出期限まで
青色申告を希望する場合 ▼ 所得税の 青色申告承認申請書	税務署	承認を受けようとする年の3月15日まで（その年の1月16日以降に開業した場合には、開業の日から2ヶ月以内）

法人が創業・開業時に必要な主な届出書類

届出書類	届出先	届出期限
法人設立届出書	税務署	設立の日から2ヶ月以内
事業開始等申告書	都道府県 税事務所	設立の日から2ヶ月以内
法人設立･設置届出書	市町村役場	各機関の定める日
定款の認証･登記申請	公証役場･ 法務局	設立後2ヶ月以内
棚卸資産の 評価方法の届出書	税務署	確定申告書の 提出期限まで
減価償却資産の 償却方法の届出書	税務署	確定申告書の 提出期限まで
源泉所得税の納期の特例の承認に関する申請書兼納期の特例適用者に係る納期限の特例に関する届出書	税務署	随時

従業員を雇用する場合に提出する主な書類

届出書類	届出先	届出期限
給与支払事務所等の開設届出書	税務署	事務所等を開設した日から1ヶ月以内
源泉所得税の納期の特例の承認に関する申請書兼納期の特例適用者に係る納期限の特例に関する届出書		随時
青色事業専従者給与を支払う場合 ▼ 青色事業専従者給与に関する届出書		青色事業専従者給与を必要経費に算入しようとする年の3月15日まで（その年の1月16日以降に開業した場合や新たに事業専従者を有することとなった場合には、その日から2ヶ月以内）
労働保険関係成立届	労働基準監督署	従業員雇用の日から10日以内
適用事業報告		従業員雇用のときに遅滞なく
労働保険概算保険料申告書		従業員雇用の日から50日以内
雇用保険適用事業所設置届（事業所設置届）	公共職業安定所	従業員雇用の日から10日以内
雇用保険被保険者資格取得届		従業員雇用の日の翌月10日まで
厚生年金保険・健康保険新規適用届	年金事務所	従業員雇用の日から5日以内
被保険者資格取得届		

※「青色事業専従者給与に関する届出書」は個人事業主のみ提出

主な許認可業種と要件・申請先

業種	要件	申請先
飲食店（カフェ、食堂など）	許可	保健所
居酒屋（深夜酒類提供飲食店）	許可＋届出	保健所、税務署、警察署
美容院、理髪店	届出	保健所
リサイクルショップ	許可	警察（公安）
介護事業	許可	都道府県
旅館、ホテル、民宿	許可	保健所
建設業	許可	国土交通省、都道府県
時間貸駐車場	届出	都道府県、市役所
パン、ケーキ屋	許可	保健所
運送業	許可	国土交通省
バー、スナック	許可	警察（公安）
自動車整備	認証	陸運支局
産業廃棄物処理	許可	都道府県

（1）許可：事業を開始する前に申請し、承認を得る必要がある
（2）届出：事業開始後に提出する必要がある

3章

中小企業のホームドクターに相談しよう！

経理・決算書・確定申告書の作成・フォローをしてもらえる

黒字企業は経理がきちんとしている

私はこれまで多くの企業を見てきましたが、やはり経理がきちんとしている企業は黒字であり、経理がきちんとしていない企業は赤字の傾向が強いようです。

航海に出るときに羅針盤がなければ方角がわからなくなり、難破してしまうでしょう。経営において経理は羅針盤のような存在です。自社の状況、今後の方向がわからないまま進んでいけば、うまくいかなくなるのは必然です。

経営は常に進化しなければなりません。経理をきちんとすることにより、自社の優良点や問題点が数字という客観的なデータ（結果）で明確になります。問題があることが早期に判明すれば、その原因を追究して改善するための行動を素早くとれます。また優良な点をさらに伸ばして業績を上げることもできます。

毎月きちんと経理処理をしていれば、1年に12回も進化できるチャンスがあります。しかし、申告時期にまとめて経理処理している人は、そのチャンスを自ら放棄してしまっているのです。

経理をきちんとすることは、経営状況をよくするために非常に重要です。次の事項に当てはまる人は、商工会または商工会議所の経営指導員にぜひ相談してみてください。

・開業したけれど、帳簿のつけ方がよくわからない
・記帳はしているけれど、正しくできているか自信がない
・記帳は自信があるが、決算申告になると不安だ
・棚卸、試算表の作成などをしたことがない
・現在は白色申告だけれど、今後は青色申告にしたい
・青色申告にしたけれど、記帳や確定申告の仕組みがよくわからない
・従業員の年末調整のやり方がわからない

正確な記帳を行なうことのメリット

・経営状況が帳簿から見えるようになり、経営課題と改善策を確認できます。
・青色申告制度の有利な取扱いを受けることができます（詳細は次項参照）。

・金融機関や取引先の信頼度が増し、融資手続きや取引が円滑に進むことが期待できます。

商工会や商工会議所は、経理および税務に関する相談、ならびに指導を行なっています。青色申告制度、税金の各種控除などについて様々な面で適切なアドバイスを行なっており、中小企業の経営をサポートしています。

指導内容は大きく分けて「記帳指導」「記帳機械化指導」「決算支援」です。

なお、各商工会や商工会議所によって実施しているサービス内容、利用対象者、手数料（有料の場合でも数千円程度のケースもあり、かなり安い）が異なっているので、最寄りの商工会や商工会議所で確認してください。

「記帳指導」

経理事務に不安のある会員事業者に対して、記帳の仕方から年末調整・決算・申告手続きなどに関する指導を行なっています。

「記帳機械化指導」

「経理担当が辞めてしまって困っている」「忙しくて経理業務に手が回らない」などの事情がある場合、記帳指導員が会計ソフトで記帳を支援してくれます。

毎月、現金出納帳や振替帳などを持参すると、記帳指導員が貸借対照表・損益計算書、総勘定元帳、毎月の試算表などを作成してくれます。

上記の他にも、分析した経営データをもとに経営のアドバイスも受けることができます。

「決算支援」

毎月の帳簿はつけられるが、決算書の作成や確定申告・消費税申告が不安という人のために決算・申告支援をしてくれるサービスです。

日々の記帳・元帳等の作成までは自分でまとめて、決算時に、売上帳・仕入帳・経費帳などの決算申告に必要な資料を提出すれば、決算書類作成を支援してもらえます。

また、決算をもとに自分で消費税の申告や所得税申告をする会員事業者を対象として、決算・申告時期に、商工会や商工会議所で税理士が相談に応じている場合もあります。

青色申告をするとどんなメリットがある？

健人「経営指導員の方に習いながら、自分で経理処理をしてみることにしました」

社長「それはいいことだね。経理を支援してもらうこともできるけど、自分でできそうと思えれば、自分でやったほうがいいと思うよ」

健人「ところで、経営指導員の方に青色申告のほうがいいと勧められたんですが、青色中告って何ですか？」

社長「青色申告にすると、税制上、いいことがあるよ。でも、どうして私に聞くのかな？わからないことがあったら、その場で経営指導員に質問することが大事だよ」

健人「はい。今度から知ったかぶりはやめます！」

「青色申告」と「白色申告」

確定申告には「青色申告」と「白色申告」の2種類があります。

商工会や商工会議所では青色申告を勧めますが、両者の大きな違いは、作成書類や手続きの方法、申告によって得られるメリットです。

青色申告とは、毎日の取引を帳簿に記録し、その記録に基づいて自ら所得や税額を申告して納付する申告納税制度のひとつです。青色申告では記帳義務や決算書の作成義務がありますが、白色申告では非常に簡単な帳簿しか必要ありません。

ただし、青色申告には白色申告にはない63ページのような特別控除があります。

青色申告をするためには、事前に最寄りの税務署に**「所得税の青色申告承認申請書」**を提出しておく必要があります。申請書は税務署に置いてありますし、商工会や商工会議所でも置いてあるところがあります。申請書はＡ４用紙1枚のみです。

青色申告のメリットを受けるためには？

青色申告をすると、63ページのような様々なメリットを受けることができますが、帳簿への正しい記帳が必要です。日々の取引を「複式簿記」や「簡易簿記」で帳簿に記録することです。

「複式簿記」「簡易簿記」のどちらを選択するかは、利益（所得）金額と経理処理の作業量の費用対効果によって決定すればいいと思いますので、経営指導員に相談してみてください。

青色申告と白色申告の比較表（個人事業主）

	白色申告	青色申告		
特別控除額	なし	10万円	10万円	65万円
簿記の要件	簡易簿記	簡易簿記	現金式 簡易簿記	複式簿記
会計原則	発生主義	発生主義	現金主義	発生主義
決算書様式	収支内訳書	青色申告 決算書 （一般用）	青色申告 決算書 （現金主義用）	青色申告 決算書 （一般用）

※現金式簡易簿記を採用する場合は、前々年度の所得が300万円以下であること、および青色申告で現金式簡易簿記の申請を出す必要がある

申告に際して覚えておくとよい用語

複式簿記	●借方と貸方というように複数の勘定科目を同時に使って仕訳を切り、帳簿を作成していく方法です。簿記検定で勉強するほとんどの内容はこの複式簿記です。 ●経営成績を表わす損益計算書、財政状態を表わす貸借対照表も作成できます。初めて帳簿をつける人でも会計ソフトを利用すれば、複式簿記に取り組みやすくなります。
簡易簿記	●取引をひとつの科目の増減のみに注目して帳簿を作成していく方法です。例えば、小遣い帳や家計簿をイメージしていただくとわかりやすいと思います。 ●経理処理が複式簿記より簡単ですが、貸借対照表を作成することはできません。
現金主義	現金の収入や支出があった時点の日付で帳簿をつけます。
発生主義	現金の収入や支出があった時点ではなく、収入や支出の事実が確定した（発生した）時点の日付で帳簿をつけます。 例えば、商品代金を支払っていなくても、商品を受け取った時点で取引の記帳をします。

青色申告の主なメリット

青色申告特別控除	正規の簿記の原則※に従って記帳し、その記録に基づいて作成した貸借対照表を損益計算書とともに期限内提出の確定申告書に添付する場合には、所得金額の計算上最高65万円を控除することができます。上記以外の青色申告者については、所得金額の計算上最高10万円の青色申告特別控除が受けられます。
青色事業専従者給与	生計を一にする親族で、事業に従事している人に支払った給与は、要件を満たせば必要経費にすることができます。
純損失等の繰越控除、繰戻還付	●その年に純損失等が生じた場合には、その損失額を翌年から一定期、繰越控除することができます。 ●純損失等が生じた年の前年が黒字であり、前年も青色申告をしている場合は、その年の純損失の金額の全額、もしくは一部を前年分に繰り戻して所得税額の還付を受けることができます。
30万円未満の減価償却資産の一括処理	30万円未満の減価償却資産を、購入時に一括で費用として処理することができます。
貸倒引当金等の設定	まだ未回収の売掛金で貸倒れになりそうな金額については、貸倒れによる損失の見込額を一定限度「貸倒引当金」として繰り入れ、その期の決算において費用計上することができます。

※「正規の簿記の原則」とは、正確な会計帳簿をつくるために、会計における網羅性・検証可能性・秩序性の3要件を満たした正確な会計帳簿を作成することを要請する原則。複式簿記による会計帳簿は、正規の簿記に該当すると一般的に解されている

事業計画をブラッシュアップする

社長「健人君、開業してからもう1年経過したけど、事業計画の見直しはしているかい？」

健人「開業するときに3ヶ年分の計画を作成したので、十分だと思って見直していません」

社長「それではダメだよ！　経営環境は常に変化しているし、計画どおりに事業が進んでいるかチェックしないと！」

健人「日々の業務に追われてしまって、売上がいくらあったかくらいしか把握していませんでした……」

社長「売上を把握することも大事だけど、計画と実績を比較することも大事だよ。計画より実績が下回っていたら対策を考えて計画の修正をしないと、羅針盤を確認せずに航海しているのと同じだよ」

健人「さっそく事業計画を見直してみます。事業計画はいつまでも変わらない『秘伝のソース』ではダメですね」

計画と実績を比較する

	計画	実績	差異
売上高	1000	900	△100
売上原価	400	500	△100
売上総利益	600	400	△200

→ 総額の比較だけでなく、細分化して分析することが必要

事業計画のブラッシュアップとは？

会社経営をしていると、自分が想定していなかった、いろいろな状況に遭遇します。とくに創業して間もない人は、事業の経験がないので、計画どおりにいかないことのほうが普通です。しかし、そうした状況をそのままにしていては絶対にダメです。**毎月、計画と実績の比較をする**必要があります。

「今月は計画に比べて売上高が少ないな」「計画より経費がかかったな」というレベルでも、見すごしてはダメです。

皆さんは事業計画を、売上高や売上原価などの各科目について根拠を考えながら作成したと思います。その根拠ごとに何が計画と実績が違った原因なのかを把握して、対策をとる必要があります。

すなわち、事業計画をブラッシュアップする必要があるのです。

事業計画をブラッシュアップするときも、一人で考えこまなくても大丈夫です。上表のようなフォームに数値を入力し

て、経営指導員に相談してみましょう。経営指導員に説明することで、自分だけでは考えつかなかった対策が出てくるかもしれません。

事業計画の見直しにどのようなメリットがある？

事業計画のブラッシュアップをすることで、主に以下のメリットがあります。

・経営の軌道修正を早期に実施することができる
・新しいアイデアを思いつくきっかけになる
・経営者自身の頭の中の整理ができて、将来の成長に向けて「誰に」「何を」「どのように」すべきか等の対策が明確になる
・ＰＤＣＡサイクル［Plan（計画）→Do（実行）→Check（評価）→Act（改善）の４段階を繰り返すことによって、業務を継続的に改善すること］の実行が可能になる。つまり、月次や年次などで自社の計画と実績を振り返り、次によりよい行動を起こすという「計画経営」が実現できる

例えば、自社を宣伝するためにチラシを活用するとします。チラシを配布するときには、ターゲットが多くいると思われる地域を選択して、「○○人くらいのお客様が来てくれるだ

ろう」と予測を立てるでしょう。

1回目でチラシの効果が出ればいいのですが、思ったような効果が出ない場合は、「配布地域が悪かったのか」「チラシの内容が悪かったのか」等を検証する必要があります。多くの場合、1回目から成功する確率は低いのです。

したがって、トライ（チラシの配布）＆エラー（思ったより成功しなかった）を繰り返す過程で検証して、効果的な広報戦略を見つける必要があるのです。これを実施するか否かで、広告宣伝費の費用対効果は大きく異なってきます。

・取引先や金融機関などの関係者に対して、業績を説明をするときの資料になる

とくに金融機関に対しては有効です。なぜならば融資をしている金融機関も、融資先の事業がどのようになっているのか気になっているからです。

資金繰りに困ったときだけ金融機関を訪問する人も多いと思います。しかし、日頃から金融機関を訪問して、現在の経営状況がどのようになっているかを報告しておくと、確かな信頼関係が構築できますし、早めに相談しておいたほうが融資に関して選択の幅も広くなります。

計画を策定して終わりということでなく、毎月、きちんと計画と実績を比較して対策を考えることは、安全に経営するための必要な条件と考えてください。

経営力向上を支援する「中小企業等経営強化法」とは？

中小企業・小規模事業者の「稼ぐ力」をつける

平成28年に**「中小企業等経営強化法」**が制定されました。

日本は今、人口の減少・少子高齢化の進展や国際競争の激化、人手不足など、様々な課題を抱えており、中小企業・小規模事業者を取り巻く経営環境も厳しさを増しています。

このような厳しい環境を中小企業・小規模事業者が克服し、成長していくためには経営力の向上が必須であると考えられ、中小企業・小規模事業者の生産性向上のための法的枠組みとして、この「中小企業等経営強化法」が設けられました。

つまり国が、中小企業が「稼ぐ力」を身につけることを後押しするために法律を整備したのです。

具体的には、国が、生産性向上に役立つ取組をわかりやすく中小企業・小規模事業者に提供し、中小企業・小規模事業者は、事業者の経営力を向上させるための取組内容などを記載した事業計画（**「経営力向上計画」**）を作成することで、国の認定を受けることができます。認定を受けることのメリットは後述します。

認定を受けるための申請書類は実質2枚であり、他の施策の申請書類と比較すると非常に簡素化されています。とても取り組みやすいので、ぜひチャレンジしてみてください。仮に、申請が不認定になった場合でも、再度申請を行なうことも可能です。

「事業計画を作成したことがない」「専門用語がわからない」「数字などむずかしい」という人もいると思います。そのような人は、「独立行政法人　中小企業基盤整備機構」が作成した**「経営計画つくるくん」**という無料のアプリを使用すると、30分ほどで簡単に計画のベースをつくることができます。インターネットで『経営計画つくるくん』と検索すれば、サイトが表示されます。

経営力向上計画の作成にあたっては、商工会や商工会議所などの**「認定経営革新等支援機関（※）」**（79ページでくわしく説明します）による支援も受けることができます。商工会や商工会議の経営指導員と話しながら作成してもいいですし、自分で作成したものをベースにして経営指導員とブラッシュアップしてもいいでしょう。

※認定経営革新等支援機関（認定支援機関）とは、中小企業・小規模事業者が安心して経営

相談等を受けられるように、専門知識や実務経験が一定レベル以上の者に対し、国が認定している公的な支援機関です。

経営力を向上させる取組内容とは？

「人材育成や財務内容の分析」「マーケティングの実施」「コスト管理のマネジメントの向上」「ITの活用」「生産性向上のための設備投資」等の経営力を向上させる取組が該当します。

【「経営力向上計画」の提出先】

事業者が、経営力を向上させたい事業分野の担当省庁に提出する必要があります。

【認定のメリット】

●例えば、以下の表に該当する企業が、要件を満たす機械装置を取得した場合、翌年度から3年度分の固定資産税に限り、当該機械装置にかかる固定資産税が1／2に軽減されます。

常時使用する従業員が1000人以下の個人事業主
資本金もしくは出資を有しない法人の場合、常時使用する従業員が1000人以下の法人
資本金の額または出資金の額が1億円以下の法人

ならびに、経営力向上計画に基づき取得された、以下の要件を満たす機械設備が対象です。

販売開始から10年以内のもの
旧モデル比で生産性（単位時間あたりの生産量、精度、エネルギー効率等）が年平均1％以上向上するもの
取得価格が160万円以上の機械および装置であること

●計画に基づく新しい事業活動を行なう場合、日本政策金融公庫の低利融資、信用保証協会の保証枠拡大や中小企業基盤整備機構の債務保証などの金融支援が受けられます。

ただし、別途、金融機関や信用保証協会において審査があるので注意してください。

【注意事項】

通常、認定申請書の受理から認定までは、標準処理期間として30日（事業分野が複数の省庁の所管にまたがる場合は45日）を要します。

申請先の相違や重度の不備がある場合は差戻しとなり、受理されない場合があります。また、軽微な不備の場合においても、各事業所管大臣からの照会や申請の差戻しが発生し、手続時間が長期化する場合があります（認定申請者が修正している期間は標準処理期間に含まれません）。

したがって、十分余裕を持って申請してください。

「経営革新計画」にチャレンジしよう

健人「社長、あそこの壁の額縁に入れて飾ってある『**経営革新計画承認証**』というのは何ですか？」

社長「経営革新計画というのは簡単に言うと、企業が作成した事業計画を国が認定することで、認定されると『経営革新計画承認証』がもらえるんだよ」

健人「すごいじゃないですか！　国に認定されたんですか！」

社長「経営指導員と新しい技術の話をしているときに、自分ではたいした技術ではないと思っていたんだけど、実はすごい強みになる技術だと言われて申請を勧められたんだよ。経営指導員と一緒に申請書を作成しながら、中小企業診断士のアドバイスも受けて承認を得たんだ」

健人「国に認定してもらおうと思ったら、大変じゃないんですか？」

社長「大変だったけれど、国に承認してもらえてものすごく自信がついたし、いろいろな機関から支援を受けることができるんだよ」
健人「僕もぜひ申請してみたいです！」

中小企業の創意ある向上発展を国が支援する！

経営革新計画承認制度とは、**「中小企業の新たな事業活動の促進に関する法律」**に基づく、中小企業の「経営革新計画」の承認制度です。

目標達成のため、これまでのやり方を変えた「新たな取組」を含んだ事業計画を「経営革新計画」と言います。国の経済活動の基盤である中小企業が、創業や経営革新など新しいことにチャレンジし、創意ある向上発展をしていくことを、国が支援していくための制度なのです。

経営革新計画の計画期間は3年から5年であり、中期的なビジネスプランです。

経営革新計画の承認には、**「新事業活動」**と**「経営の相当程度の向上」**が必要です。

「新事業活動」とは、事業者にとって新たな事業活動であって、以下の4つのどれかに当てはまらなければなりません。
①新商品の開発または生産

「経営革新計画」で承認される要件

新事業活動（いずれか）	●新商品の開発、生産 ●新サービスの開発、提供 ●商品の新しい生産、販売方式の導入 ●サービスの新しい提供方式の導入等
かつ	
期間	3年から5年
かつ	
経営の相当程度の向上	付加価値額：年平均3％以上 かつ 経常利益：年平均1％以上

②新役務の開発または提供
③商品の新たな生産または販売の方式の導入
④役務の新たな提供の方式の導入その他の新たな事業活動

「新事業活動」とあるので、新事業を立ち上げなければいけない、すごい技術を開発しなければいけないというイメージを持つかもしれませんが、一概にはそうとは言えません。個々の中小企業者にとって「新たなもの」であれば、すでに他社が採用している技術・方式を活用する場合でも、経営革新計画になります。

ただし、業種ごとに同業の中小企業（地域性の高いものについては、同一地域における同業他社）における当該技術の導入状況を判断し、すでに相当程度普及している技術・方式等の導入については承認対象外です。

インターネットで『経営革新計画事例　調べたい都道府県名』、または『J-Net21　地域別経営革新計画取組例』と検索すると、これまでの承認企業の事例を見ることができるので参考になります。

「経営の相当程度の向上」とは、「付加価値額」または「一人当たりの付加価値額」、および「経常利益」の伸び率が所定の基準を満たすことが必要です（次ページ上表参照）。

「経営革新計画」の作成ならびに関連する補助金などの支援策については、中小企業診断士の専門分野なので、中小企業診断士に話を聞いてみることをお勧めします。

「経営の相当程度の向上」とは？

計画終了時	「付加価値額」または「１人当たりの付加価値額」の伸び率	「経常利益」の伸び率
3年計画の場合	9％以上	3％以上
4年計画の場合	12％以上	4％以上
5年計画の場合	15％以上	5％以上

※付加価値額＝営業利益＋減価償却費＋人件費
※経常利益＝営業利益―営業外費用（支払利息など）
　中小企業新事業活動促進法における経営革新では、「経常利益」の算出方法が通常の会計原則とは異なり、営業外収益は含まない

「経営革新計画」の申請対象者

主たる事業として営んでいる業種	資本金基準（資本の額又は出資の総額）	従業員基準（常時使用する従業員数）
製造業、建設業、運輸業、その他の業種（下記以外）	3億円以下	300人以下
ゴム製品製造業（自動車又は航空機用タイヤ及びチューブ製造業並びに工業用ベルト製造業を除く）	3億円以下	900人以下
卸売業	1億円以下	100人以下
サービス業（下記以外）	5千万円以下	100人以下
ソフトウェア業又は情報処理サービス業	3億円以下	300人以下
旅館業	5千万円以下	200人以下
小売業	5千万円以下	50人以下

※常時使用する従業員には、事業主、役員、臨時従業員は含まない
※個人事業主も対象となる
※組合は事業協同組合など、新法政令で指定された組合のみ申請可能

経営革新計画承認取得までの流れ

期間	段階	内容
約2〜3ヶ月	相談	最寄りの商工会・商工会議所に相談 取組内容をヒアリング、申請書の骨子を決定
	作成	専門家派遣制度（128ページ参照）の利用の検討 審査のポイントを押さえながら計画書を作成
	提出	商工会、商工会議所を通じて都道府県知事に提出
約1ヶ月	審査会	都道府県庁にて申請書に基づき審査 約1時間（プレゼン、質疑応答）
	承認	経営革新計画承認証の交付
	実行	新たな事業の開始 施策の利用申請など

商工会や商工会議所への相談時の状況にもよりますが、申請書はかなりのボリュームがあるので、相談から提出まで約 2〜3ヶ月間必要です。

また、審査会は1ヶ月に1回開催されるので、承認取得まで時間的に余裕を持って取り組むことが必要です。

メリット：承認企業の支援策の概略

日本政策金融公庫の特別利率による融資制度	経営革新計画に基づく事業を行なうために必要な運転資金および設備資金について、通常より低い金利が優遇されて融資が受けられる
信用保証協会の信用保証の特例	民間金融機関から融資を受ける際の信用保証に関し、特例の支援措置を受けることができる
高度化融資制度	中小企業者が共同で工場団地を建設した等の事業に対して、都道府県と独立行政法人中小企業基盤整備機構の診断・助言を受けたうえで、長期・低利で融資を受けることができる
食品流通構造改善促進機構による債務保証	食品製造業者等は、経営革新計画の実行にあたり、融資を受ける際に債務保証を受けられる
販路開拓コーディネート事業	優れた新商品のマーケティング企画の策定および首都圏・近畿圏におけるテストマーケティング活動、新たな市場開拓の土台づくりを支援する
新価値創造展	優れた製品・技術・サービスを展示、紹介することによりビジネスマッチングの機会を提供する
特許関係料金減免制度	経営革新計画における技術に関する研究開発について、特許関係料金が半額に軽減される制度
スタンドバイ・クレジット制度	中小企業者の外国関係法人等が、海外の金融機関から1年以上の資金を借入する際に、日本政策金融公庫が信用状を発行し債務保証をする制度
中小企業信用保険法の特例	経営革新のための事業を行なうために必要な資金のうち、海外投資関係保証について付保限度額を引き上げている
日本貿易保険による支援措置	中小企業者の外国関係法人等が、海外の金融機関から借入を行なう際、海外事業資金貸付保険を付保する制度
起業支援ファンドからの投資	ベンチャーファンドへ中小企業基盤整備機構が出資を行ない、当該ファンドがベンチャー企業等へ投資を行なうことにより、資金調達支援および経営支援をする
中小企業投資育成株式会社からの投資	中小企業投資育成株式会社から投資を受けることによって、自己資本の充実と健全な成長を図ることができる

※各支援策を受けるためには、審査等が必要

認定支援機関を活用しよう

「認定経営革新等支援機関（認定支援機関）」とは？

「自社の財務内容や経営状況の分析を行ないたい」「事業計画を策定したい」「取引先を増やしたい」「販売を拡大したい」など、中小企業や小規模事業者の悩みは多様化するとともに複雑化しています。

これらの経営課題に対して、安心して経営相談等が受けられるように、国が公的な支援機関として認定したものが、**「認定経営革新等支援機関（認定支援機関）」**です。

すなわち、専門知識（または同等以上の能力）を有し、これまで経営革新計画の策定等の業務について一定の経験年数を持っている者に対して、高い専門性を持っていると国が認定しているのです。

具体的には、商工会や商工会議所などの中小企業支援者のほか、中小企業診断士、金融機関、税理士、公認会計士、弁護士などが主な認定支援機関として認定されています。

認定支援機関が提供する主な支援内容

【経営革新等支援およびモニタリング支援等】

①経営の「見える化」支援

経営革新または異分野連携新事業分野開拓（以下、経営革新等）を行なおうとする中小企業・小規模事業者の財務状況、事業分野ごとの将来性、キャッシュフロー見通し、国内外の市場動向等の経営資源の内容、その他経営の状況に関する調査・分析を行ないます。

②事業計画の策定支援

調査・分析の結果等に基づく中小企業・小規模事業者の経営革新等に係る事業の計画（経営改善計画、資金計画、マーケティング戦略計画等）の策定に係るきめ細かな指導および助言を行ないます。

③事業計画の実行支援

中小企業・小規模事業者の経営革新等に係る事業の計画を円滑に実施するためのきめ細かな指導および助言を行ないます。

④モニタリング支援

経営革新等支援を実施した中小企業や小規模事業者に対する案件の進捗状況の管理、継続的なモニタリングの実施、フォローアップを行なうといった、「コンサルティング機能」を発揮します。

⑤中小企業・小規模事業者への会計の定着支援

中小企業・小規模事業者が作成する計算書類等の信頼性を確保して、資金調達力の向上を促進させるため、「中小企業の会計に関する基本要領」または「中小企業の会計に関する指針」による信頼性のある計算書類等の作成および活用を推奨します。

【その他経営改善等に係る支援全般】

中小企業・小規模事業者の経営改善（売上増等）や創業、新事業展開、事業再生などの中小企業や小規模事業者の抱える課題全般に係る指導および助言を行ないます。

【中小企業支援施策と連携した支援】

中小企業等支援施策の効果の向上のため、補助金、融資制度等を活用する中小企業・小規模事業者の事業計画等策定支援やフォローアップ等を行ないます。

認定支援機関の関与を必要とする主な中小企業等支援施策

【経営力強化保証制度】

これは、金融機関が認定支援機関と連携して、中小企業者の事業計画の策定や継続的な経営支援を行ない、中小企業者の経営力強化を図ることを目的とした信用保証協会（39ページ参照）の保証制度です。
対象者は、金融機関および認定支援機関の支援を受けつつ、自ら事業計画の策定・計画の実行・四半期ごとに金融機関へ当該計画の進捗報告を行なう中小企業者です。
制度の特徴は、中小企業者が認定支援機関の力を借りながら、経営改善に取り組む場合、信用保証料を減免（概ね▲0.2％）し、金融面だけではなく、経営の状態を改善する取組を信用保証協会が強力にサポートしてくれます。

【中小企業経営力強化資金】

認定支援機関の指導や助言を受けて、新事業分野の開拓等を行なう企業の経営力や資金調達力の強化を図ることを目的とした、日本政策金融公庫の融資制度です。
経営革新または異分野の中小企業と連携した新事業分野の開拓などにより、市場の創出・開拓（新規開業を行なう場合を含む）を行なおうとする人で、かつ事業者自ら事業計画の策定を行ない、認定支援機関による指導および助言を受けている人が、当該事業計画の実施のために必要とする設備資金および運転資金が対象です。

【経営環境変化対応資金（セーフティネット貸付）】

外的環境の変化などにより、一時的に業況の悪化を来している企業の経営基盤の強化を図ることを目的とした、日本政策金融公庫の融資制度です。

社会的な状況、経済的環境の変化といった外的要因により、一時的に売上の減少などの業況悪化を来しているが、中長期的には業況が回復し発展することが見込まれ、一定の基準を満たす企業が対象です。

認定支援機関または日本政策金融公庫の経営指導を受けて事業計画書を作成し、かつ最近の決算期において債務負担が重く、経営の改善を迫られている場合、基準利率より低い特別利率が適用されます。

【企業再建資金】

「経営改善計画策定支援事業」（85ページ参照）を利用して経営改善に取り組んでいる企業等に対し、企業の再建を図るうえで必要となる設備資金および運転資金を融資する、日本政策金融公庫の制度です。

認定支援機関が経営改善計画の事後フォローを行なうこと等が必要となります。

【商業・サービス業・農林水産業活性化税制】

商業・サービス業等を営み、青色申告書を提出する中小企業者等が、平成31年3月31日までに**経営改善設備**（※）を取得等した場合に、取得価額の30％特別償却または7％税額控除を受けることができる措置です。

なお、資本金または出資金の額が、３０００万円を超える法人（中小企業等協同組合等を除く）は、税額控除の適用を受けることはできません。

※**経営改善設備**とは、認定支援機関等から経営の改善に資する資産として「経営改善指導助言書類」に記載された以下の設備です。

・器具および備品（1台または1基の取得価額が30万円以上のもの）

・建物附属設備（1台の取得価額が60万円以上のもの）

認定支援機関による経営改善計画策定支援とは？

健人「友人の会社の業績がよくなくて、金融機関への毎月の返済が大変みたいなんです」
社長「金融機関には相談に行ったのかい？」
健人「はい。担当者の方から、『返済額の減額を協議していくために、業況改善の可能性とその実現施策を示す経営改善計画書を提出してください』と言われたそうです」
社長「商工会や商工会議所でも相談に乗ってもらえるけれど、専門家に経営改善計画書を作成してもらう方法もあるよ」
健人「専門家に作成してもらうと、お金がたくさんかかるイメージがあるのですが……」
社長「大丈夫だよ。国が認める中小企業診断士などの認定支援機関の支援を受けて、経営改善計画書を作成した場合、経営改善支援センターが専門家への支払費用の2／3を助成してくれる制度があるんだよ」
健人「自己負担はたったの1／3ですか！　早速、友人に知らせます」

自己負担が1／3ですむ経営改善支援事業とは？

多くの中小企業・小規模事業者は、業績悪化による金融支援を受けるために、自ら経営改善計画を策定することはむずかしいと思います。そのような場合は、**経営改善支援センター**が実施している**「認定支援機関による経営改善計画策定支援事業」**を活用することができます。

この制度は、認定支援機関が経営改善計画などを支援することにより、中小企業・小規模事業者の経営改善を目指す制度です。

この制度の特徴は、一定の要件の下で専門家を活用する場合、企業が負担する経営改善計画策定費用およびフォローアップ費用について、経営改善支援センターが2／3（上限200万円まで。モニタリング費用を含む）を支援してくれるため、自己負担が1／3で専門家による高度な計画を作成できることです。

すでに策定した計画がある場合であっても、その計画と事業実績に乖離があり、計画の修正を行なう場合についても、この事業を活用することができます。

【支援対象者】

対象となるのは、個人事業主と法人です。

社会福祉法人、ＬＬＰ（有限責任事業組合）、学校法人は対象外で、それ以外にも支援対

計画策定支援費用の費用区分

中小企業の区分	企業規模	費用負担の対象となる計画策定支援費用の総額（モニタリングを含む）
小規模	売上1億円未満かつ有利子負債1億円未満	100万円以下（うちモニタリング費用は総額の1／2以下）
中規模	売上10億円未満かつ有利子負債10億円未満（小規模を除く）	200万円以下（うちモニタリング費用は総額の1／2以下）
中堅規模	売上10億円以上または有利子負債10億円以上	300万円以下（うちモニタリング費用は総額の1／2以下）

象にならない業種もあるので、経営改善支援センターに問い合わせてください。

【支援費用の総額は？】

費用負担の対象となる計画策定支援費用の総額（消費税含む）は、原則として上表のとおりです。

【このような人にお勧め】

金融機関への返済条件等を変更し、資金繰りを安定させながら、

・売上を増加させたい
・人件費以外でコストを削減したい
・黒字体質の企業に転換させたい
・業況悪化の根本的な課題を見つけたい
・従業員に会社の方向性を示したい
・計画策定後も継続的にフォローアップをお願いしたい

認定支援機関による支援事業の利用イメージ図

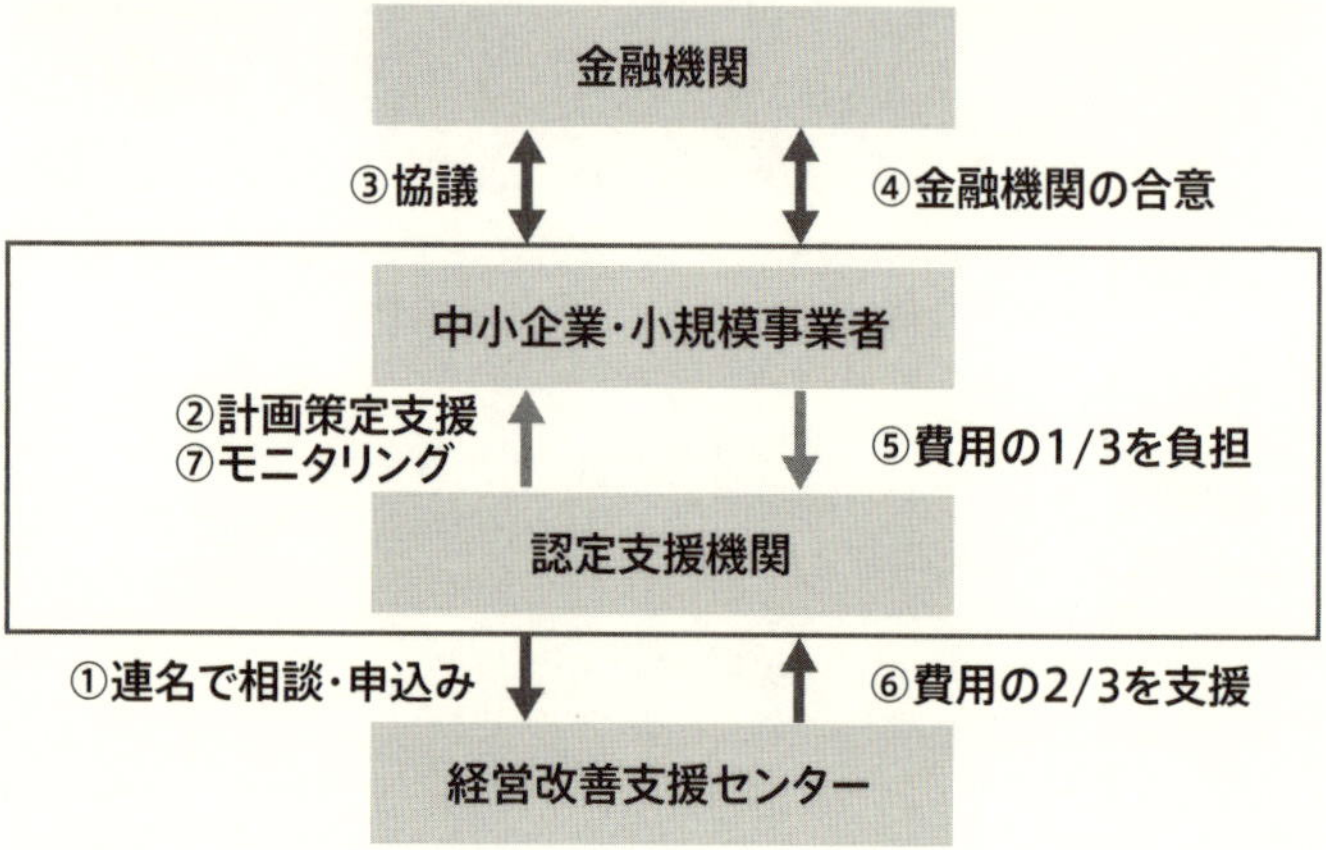

【経営改善計画書を作成するメリットは？】

・業況が改善される(売上増加、コスト削減)
・金融支援の更改がされる（返済条件の緩和等）
・金融機関、取引先からの信頼が確保できる
・従業員のモチベーションや生産性が向上する

【どのようにして利用したらいいのか？】

経営改善支援センターは、各都道府県に設置されています。インターネットで『経営改善支援センター　都道府県名』と入力すると連絡先が検索できるので、「認定支援機関による経営改善計画策定支援を利用したい」と伝えると、必要な事項について説明してもらえます。

または取引のある金融機関、商工会や商

早期経営改善計画策定支援の利用イメージ図

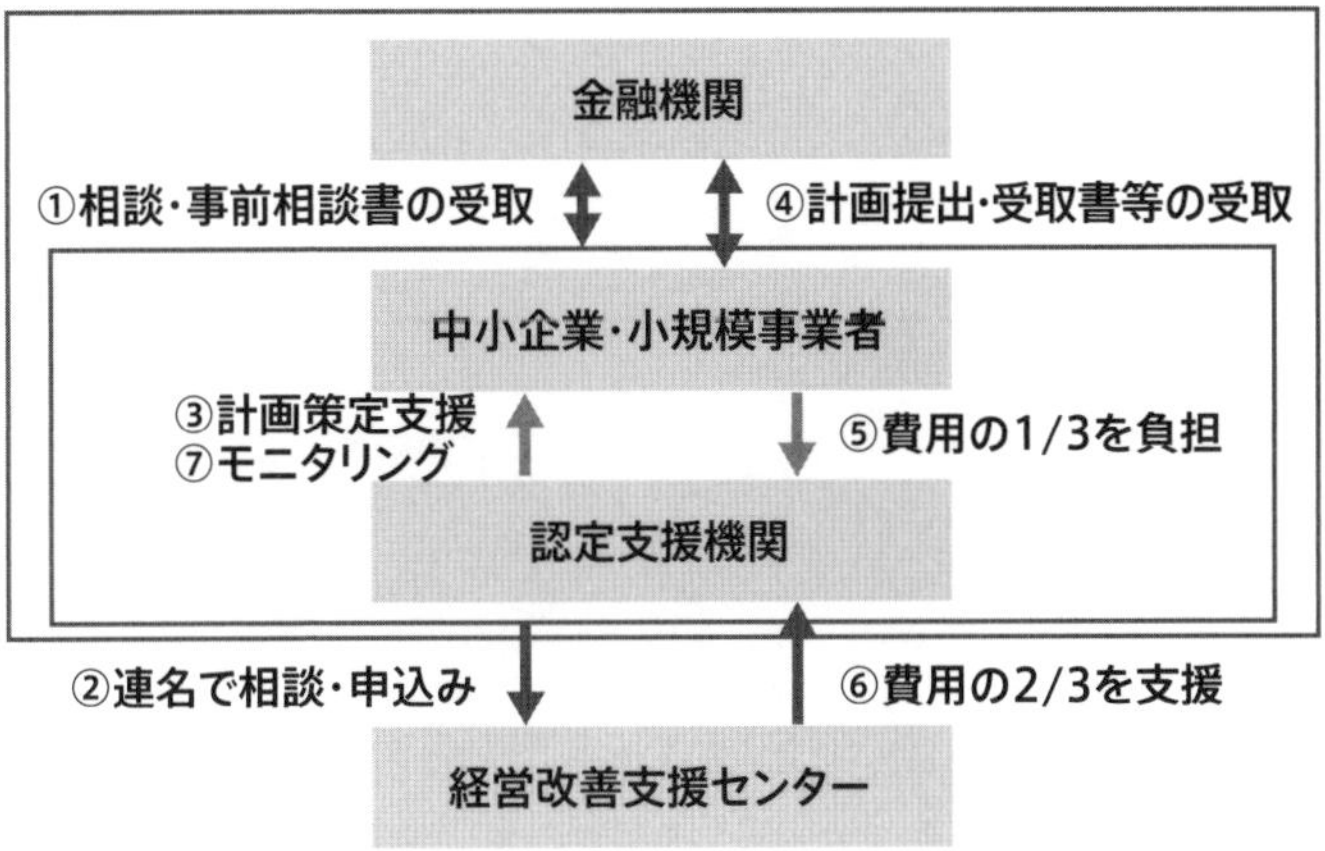

工会議所に相談してもいいでしょう。

金融支援を想定しない早期経営改善計画とは？

前述の経営改善計画は金融機関から返済条件を緩和してもらう等の金融支援を受けるために、金融調整を伴う本格的な経営改善計画を作成することを目的としていました。

これに対して**早期経営改善計画**は、金融支援を目的とはせず、早期に自己の経営を見直すために資金実績・計画表やビジネスモデル俯瞰図などの基本的な計画を作成し、金融機関に提出します。

この制度を利用するメリットは、一定の要件の下で専門家を活用する場合、早期経営改善計画策定費用およびフォローアップ費用について、経営改善支援センターが、2／3（上限20万円まで。モニタリング費用を含む）を支援してくれるため、自己負担が1／3で高度な計画を作成できることです。

【このような人にお勧め】

今のところ返済条件等の変更は必要ないが、

・資金繰りが不安定である
・理由はよくわからないが売上が減少している
・自社の状況を客観的に把握したい
・専門家等から経営に関するアドバイスがほしい
・経営改善の進捗のフォローアップをお願いしたい

【早期経営改善計画書を作成するメリットは？】

・経営の見直しによる課題の発見や分析ができる
・資金繰りの把握が容易になる
・事業の将来像について金融機関に知ってもらうことができる

【どのようにして利用したらいいのか？】

最寄りの経営改善支援センター、取引のある金融機関、商工会や商工会議所に相談することで利用できます。

4章

新たな販路と人材を開拓しよう

商品やサービスを全国にアピールしよう！

ザ・ビジネスモール

全国の商工会・商工会議所が共同運営する、商談のきっかけづくりを支援するためのビジネスマッチングサイトが、この「ザ・ビジネスモール」です。全国の30万件以上の様々な業種の企業が登録されています。

商工会や商工会議所の会員事業者であれば、「ザ・ビジネスモール」のインターネットサイト（https://www.b-mall.ne.jp）、または商工会や商工会議所で無料で登録できます。

主なサービス内容は、大きく分けて、「商談・取引支援サービス」「ホームページ開設サービス」「提携サービス」の３つです。

「自社をＰＲしたい」「自社の技術や強みを知ってもらいたい」「複数の企業から見積りをもらいたい」「仕入先を見つけたい」「販路を拡大したい」などの要望を持つ企業の、ビジネスの活性化や業務の効率化を図ることができます。

【商談・取引支援サービス】

インターネットで取引先を探しても希望の会社を見つけることができない場合は、「取引先らくらく検索」と「ザ・商談モール」を活用するといいでしょう。

「取引先らくらく検索」は、業種や地域などの条件を入力するだけの簡単な操作で、登録されたすべての企業について自由に検索ができます。また登録すれば、全国の企業に自社のPRをすることができます。

「ザ・商談モール」は、「ザ・ビジネスモール」内の商談サポートサイトで、「ザ・ビジネスモール」に登録されている企業間の商談を支援しています。

買い手企業が匿名で依頼内容（案件内容、期限、納入日、予算、要望など）を登録すると、事前に登録されている売り手企業に対して、一括で提案・見積りの募集ができます。条件が合えば、売り手企業から買い手企業に見積書がメールで届きます。ですから取引先探しに費やしていた時間と手間が省略できます。

売り手企業は、新たな「買いたい案件」に対して見積りを提示することも可能です。事前に見積りをしたいカテゴリーを設定しておくと、該当のカテゴリーに新しい「買いたい案件」が登録されたタイミングで、自動的にメールが送られるのです。

【ホームページ開設サービス】

インターネットなどのＩＴが苦手な経営者でも、簡単にテンプレートにしたがって手軽に自社の簡易ホームページを作成することができるサービスです。

ホームページを持っていない会員事業者は、「ザ・ビジネスモール」を簡易ホームページとして利用できます。企業概要（社名、住所、資本金など）と、企業ＰＲ文章の掲載に加えて、画像つきで商品・サービス（最大10商品）の紹介もすることができます。

ホームページをつくりたいが、お金をかけずに効果を試したいという人にお勧めです。すでにホームページを持っている会員事業者も、簡易ホームページにリンクを貼ることによって、グーグルやヤフーなどの検索エンジンで検索したときに、既存のホームページが検索結果一覧の上位に表示されやすくなります。

なお、より高機能なホームページ機能を希望する人には、有料の「プレミアムメンバーサービス」もあります。

【提携サービス】

各種提携サービス（業種別の電子商取引市場や与信管理などの情報サービスなど）を会員特典つきで利用（有料）できます。

ニッポンセレクト.com

全国商工会連合会公式サイト「ニッポンセレクト.com」は、全国の中小企業・小規模事業者から募った商品の全国販売を行なっています。

農商工連携や地域資源の活用などにより開発された商品や、魅力ある隠れた地域産品等をウェブを通じて紹介・普及を行なっており、食品や非食品など約９０００の商品が出品されています。

中小企業・小規模事業者であれば、商工会の会員事業者でなくても出品できますが、やり取りはすべてメールとなるため、通信環境が整っている必要があります。

なお、募集期間があるので、「ニッポンセレクト.com」のホームページで確認してください。

むらからまちから館

「むらからまちから館」は、全国の中小企業の地域特産品を扱うアンテナショップで、日本唯一の公設地域総合専門館です。東京都千代田区有楽町にあり、全国各地の特産品や地酒など１２００品目を取り扱っています。

店内には10のゾーンがあり、「47都道府県商工会推薦ゾーン」では、初登場の特産品の販路を新たに開拓する目的で、１ヶ月のトライアルまたは６ヶ月間展示販売をしており、その特産品を首都圏の生活者の目で見たモニター機能、ならびに流通のプロの立場でのアドバイザー機能を提供しています。

出展希望の商工会の会員事業者は、最寄りの商工会に問い合わせてください。

コンパスクラブ100万会員ネットワーク

「コンパスクラブ100万会員ネットワーク」とは、商工会の会員事業者の支援サイトです。全国の事業者がインターネットでつながり、事業者と一般消費者の橋渡しの場の提供、事業者同士の交流、事業所PR、役立つ情報検索が可能な総合コミュニティです。

全国100万の事業者のネットワークが構築され、自社および地域の活性化、新たな人脈や取引、開拓、開発等へつながることを目指して商工会が運営しています。

「コンパスクラブ100万会員ネットワーク」では、手軽にホームページを作成することが可能であり、オンラインショップも開業できます。

その特徴は、以下のとおりです。

・テンプレートに入力するだけなので、専門的な知識がなくても簡単にホームページがつくれる
・オンラインショップも開業でき、「買い物カゴ」が自動的に作成される

・宿泊施設などの詳細情報（部屋数・温泉名・成分等詳細に登録）も発信できる
・問い合わせ、宿泊予約等のフォームも充実しており、ワンクリックで作成可能である
・新着情報など注目してほしい情報は、１回の登録で複数のページに掲載される
・地図、掲示板、関連リンク、添付資料なども簡単に設置することができる
・電子決算公告も簡単に掲載することができる

全国商工会連合会のサーバーを利用するため、導入・運用等の費用や、サーバー保守の手間がかかりません。ただし、決算公告は有料です。

「コンパスクラブ１００万会員ネットワーク」を利用するには商工会での手続きが必要ですが、各商工会で申込手続きが異なるため、最寄りの商工会で確認してください。

日本全国そして海外へ販路を広げよう

【地域力活用新事業∞全国展開プロジェクト・JAPANブランド育成支援事業】

健人「学生時代の友人に会いに行ってきたので、いつもお世話になっている社長に、お土産を買ってきました」

社長「健人君、どうもありがとう。おいしそうだね」

健人「友人がつくっている商品なんです。地域の珍しい食材を使用していて、地元でかなり売れているそうです。友人の地元だけでなく、いろいろな地方の人に食べてもらえたらいいんですけどね」

社長「今は、どこで売っているの？」

健人「地元のお土産屋さんが中心みたいですね。友人も全国の人に自分の商品を買ってもらいたいなと言っていたけど、自分の力だけでは無理だろうなとも言っていました」

社長「商工会や商工会議所では中小企業や小規模事象者が、全国規模のマーケットや海外に販路をつなげる支援もしているよ」

健人「そうなんですか！　友人に話してみます」

【地域力活用新事業∞全国展開プロジェクト】

中小企業庁の補助事業であり、地域の小規模事業者が地域の資源を活用して、全国規模のマーケットを視野に入れた新事業を展開することを目的としています。

商工会や商工会議所は、小規模事業者と協力して特産品開発や観光開発、ホームページによるプロジェクトの紹介、バイヤー向けの商品カタログや商談シートの作成とそれに関する指導、バイヤーとのマッチング、イベントへの参加などの支援をしています。

【JAPANブランド育成支援事業】

中小企業庁の補助事業であり、中小企業の新たな海外販路の開拓につなげるため、地域の特性や資源、伝統、技術などを活かし、その魅力をさらに高め、世界に通用するブランド力を確立させることを目的としています。

商工会や商工会議所は、中小企業や小規模事業者をコーディネートしながら、市場調査、専門家の招聘、コンセプトづくり、新商品開発、デザイン開発、展示会参加（国内・海外）などの取組の支援をしています。

労働保険事務代行サービスを利用する

健人「店を広げ、いつか僕も従業員を雇おうと思っています。サラリーマンのとき、給与明細書を見ると雇用保険料などが天引きされていたので、僕も人を雇うようになったら、従業員に対して何か手続きをしないといけないんですよね？」

社長「一部の例外を除いて従業員を雇用したら、労働保険について事業主が処理しなければならない事務は、労働保険料の申告納付、雇用保険の資格取得など、たくさんあるよ」

健人「労働保険ですか？　事務？　急に不安になってきました」

社長「総務部にいた人ならわかるだろうけど、普通は馴染みがないよね」

健人「料理人の従業員と総務部門の2人も雇う余裕はないな。困ったな」

社長「そのようなときはどうしたらいいか、もうわかるよね？」

健人「経営指導員さんに相談してきます！」

社長「そのとおり！」

労働保険とは？

労働保険とは「労災保険」と「雇用保険」の総称です。保険給付は両保険で別個に行なわれていますが、労働保険料の徴収などについては、両保険は労働保険として原則的に一体のものとして取り扱われています。

労働者（パートタイマー、アルバイトを含む）を一人でも雇用していれば、業種・規模のいかんを問わず労働保険の適用事業となり、事業主は成立（加入）手続を行ない、労働保険料を納付しなければなりません（農林水産の一部の事業は除く）。

「労災保険」は、仕事中や通勤中に事故や災害にあってケガをしたり、病気になったり、体に障害が残ったり、死亡した場合などに補償する制度です。災害にあった被保険者の社会復帰や、被保険者の遺族への援助なども行ないます。

事業所で働いている労働者全員（パート・アルバイトを含む）が保険の対象となります。

「雇用保険」は、労働者が失業した場合や雇用の継続が困難になったときに、生活や雇用の安定を図るために必要な給付を行ないます。

労働者が失業したときの生活支援や再就職の支援を行なうだけでなく、育児や介護などの理由で休業しなければならない場合も、一定の要件のもとに給付を受けることができ、定年再雇用などで賃金が減った場合などにも、継続して就労できるように給付を受けることができる制度です。
加入できる従業員の目安は、週の所定労働時間が20時間以上の人（パート・アルバイトを含む）です。なお、主に中小企業を対象として一定の要件を満たした場合、様々な助成金や給付金が支給されます。
詳細については、次項の「雇用関係助成金を上手に活用しよう」を参照してください。

【労働保険事務組合制度とは？】

事業主の委託を受けて、労働保険料の納付や労働保険の各種の届出などを事業主に代わって行なうことができる制度です。労働大臣が認可した中小事業主等を構成員とする団体である商工会や商工会議所も設置して運営しています。

【委託できる事業主は？】

商工会や商工会議所の会員事業者で、常時使用する労働者数が次にあてはまることです。

金融・保険・不動産・小売業	50人以下
卸売・サービス業	100人以下
その他の事業	300人以下

【委託できる事務】

・概算保険料・確定保険料の申告および納付
・保険関係成立届・雇用保険の事業所設置届等の提出
・労災保険の特別加入の申請等に関する事務
・雇用保険の被保険者に関する届出等の事務
・その他、労働保険についての申請・届出・報告に関する事務
※印紙保険料（日雇い労働者の保険料）に関する事務、ならびに労災保険および雇用保険の保険給付に関する請求などの事務は、労働保険事務組合が行なうことのできる事務から除かれています。

【事務委託をするメリット】
・事務組合が一括して事務処理をするので、事業主の事務処理が軽減される
・通常は労災保険に加入することができない事業主や家族従業員も、労災保険に**特別加入**（※）することができる
・労働保険料の額にかかわらず、3回に分割して納付できる（事務組合に委託していない場合は、一定額を超えないと分割納付はできない）
※**特別加入制度**……労災保険は、労働基準法でいう労働者を対象として、業務上の事由によ

る災害や通勤途上における災害に対する保護を目的とする制度です。したがって個人事業主、家族従事者、法人の代表や取締役は対象となりません。

しかし中小事業の場合、事業主は労働者とともに労働者と同様の業務に従事することが多いため、業務の実情や災害の発生状況から見て、とくに労働者に準じて保護することが適当であると認められる個人事業主や法人の代表は、特別に任意加入が認められています。

《特別加入が認められる人とは？》

特定の事業に従事し、労働者を常時使用しない自営業者は、労災保険に特別加入することが可能です。ただし労働者を使用する場合であっても、労働者を使用する日の合計が1年間に100日に満たない場合は、特別加入することができます。

対象となるのは、建設業や林業、個人タクシー業者や個人貨物運送業者、漁船による漁業者、医薬品の配置業者や再生資源取扱業者、船員法第1条に規定された船員などの一人親方、およびその事業に従事する人です。

【事務委託手数料は？】

事業の種類と労働者の人数および保険の加入状況などにより算定するため、最寄りの商工会や商工会議所に問い合わせてください。

雇用関係助成金を上手に活用しよう

雇用関係の助成金はあまり活用されていない？

雇用関係の助成金とは、中小企業の健全な発展を目的として、労働施策を浸透させるために創設されたものです。融資と違って返済する必要はありませんが、以下のすべての要件を満たす必要があります。

・事業主が雇用保険に加入している
・非正規雇用労働者の正社員転換や教育訓練の実施など、各種助成金支給の要件を満たす
・支給のための審査に協力すること
①支給または不支給の決定のための審査に必要な書類等を整備・保管していること
②支給または不支給の決定のための審査に必要な書類等の提出を、管轄労働局等から求められた場合に応じること
③管轄労働局等の実地調査を受け入れること等

助成金の受給要件（中小企業者）

業種	①資本金の額 または出資の総額	②常時使用する企業 全体の労働者数
一般産業 （下記以外）	3億円以下	300人以下
卸売業	1億円以下	100人以下
サービス業	5,000万円以下	100人以下
小売業	5,000万円以下	50人以下

※業種に応じて、①「資本金の額または出資の総額」、②「常時使用する企業全体の労働者数」のいずれかの要件を満たすことが必要です。

・申請期間内に申請を行なうこと
・支給対象者が中小企業・小規模事業者の場合、上の表の判断基準にあてはまること

雇用関係の助成金は毎年改正されていますが、一部の助成金で**「生産性要件（※）」**（110ページ参照）を満たした場合、助成額または助成率を割増しするものが創設されました。その趣旨は、今後、労働力人口の減少が見込まれる中で経済成長を図るためには、個々の労働者が生み出す付加価値（生産性）を高めていく必要があるということです。

4大経営資源と言われる「人」「モノ」「金」「情報」で、「人」が一番初めにあげられているように、企業にとって従業員をいかに活用して生産性を高めていくかは、非常に重要な

問題です。助成金をうまく活用すれば、事業資金の一部を国に負担してもらうことで資金繰りが楽になるとともに、優秀な人材を確保・成長させて業績を上げる可能性も高まります。

しかしながら、雇用関係の助成金は、現実として企業にあまり活用されていません。その理由は、以下の点が考えられます。

・種類が多すぎてすべてを把握できない
・改正が多くてついていけない
・書類や要件に専門用語が多くて理解しづらい
・社内に書類作成などの手続きができるものがいない　など

自社に合った助成金を活用しよう

雇用関係の助成金は予算が上限に達しない限り、一定の要件を満たせば支給してもらえます。では、どのようにして自分に合った助成金を活用していけばいいのでしょうか？

商工会や商工会議所の経営指導員は、雇用関係の助成金についても熟知しているので、相談すればいいのです。

相談の仕方は、会社が従業員について考えていることを日頃から経営指導員に話しておくだけです。例えば、「来年度から従業員を増やそうと思っている」「○月ごろに従業員の研修

※詳細は厚生労働省のホームページを確認のこと

助成額
●起業者が高年齢者(60歳以上)の場合、助成率2/3(上限200万円) ●起業者が上記以外の者(40～59歳)の場合、助成率1/2(上限150万円) ※生産性向上要件を満たした場合、上記の25%の額をさらに助成
1人あたり、月額最大4万円を最長3か月間
【精神障害者の場合】●助成期間:最長6か月●雇入れから3か月間 1人あたり月額最大8万円●雇入れから4か月間以降 1人あたり月額最大4万円 【上記以外の場合】●助成期間:最長3か月●1人あたり月額最大4万円
対象者1人あたり、60万～240万円を1～3年間
対象者1人あたり、50万～70万円を1年間
中途採用率を向上させた場合:50万～75万円 45歳以上の方を初めて採用した場合:60万～90万円
有期→正規:1人あたり57万～72万円　有期→無期:1人あたり28.5万～36万円 無期→正規:1人あたり28.5万～36万円
1事業所あたり30万～36万円
【休業・教育訓練の場合】休業手当等の一部助成2/3 【出向の場合】出向元事業主の負担額の一部助成2/3
●制度整備助成50万円　●目標達成助成80万円
●男性労働者の育児休業※1企業あたり1年度10人まで支給 【1人目の育休取得】57万～72万円【2人目以降10人目まで】a:5日以上14日未満 14.25万～18万円/b:14日以上1か月未満 23.75万～30万円/c:1か月以上 33.25万～42万円 ●育児目的休暇28.5万～36万円※1企業1回まで支給
【介護休業利用の場合】57万～72万円 【介護のための勤務制限利用の場合】28.5万～36万円 ※それぞれ、1企業あたり無期雇用労働者1人、有期雇用労働者1人の計2人まで
(1)助成率 設備投資等に要した費用の7/10～3/4 ※常時使用する労働者の数が企業全体で30人以下の事業場にあっては3/4～4/5 (2)上限額 【事業場内最低賃金を30円以上引き上げた場合】引上げ労働者数1～3人の場合は50万円、4～6人の場合は70万円、7人以上の場合は100万円 【事業場内最低賃金を40円以上引き上げた場合】70万円(人数による区分けなし)

主な雇用関係助成金（助成額は中小企業の額）

助成金	助成金がもらえるケース
生涯現役起業支援助成金	中高齢者（40歳以上）が起業し、事業運営に必要な労働者を雇い入れる
トライアル雇用助成金（一般トライアルコース）	要件を満たす安定就業を希望する未経験者を試行的に雇い入れる
トライアル雇用助成金（障害者トライアルコース）	障害者を試行的・段階的に雇い入れる
特定求職者雇用開発助成金（特定就職困難者コース）	高年齢者（60～64歳）・障害者・母子家庭の母などの就職困難者を雇い入れる
特定求職者雇用開発助成金（生涯現役コース）	1年以上継続して雇用する65歳以上の離職者を雇い入れる
労働移動支援助成金（中途採用拡大コース）	中途採用者の雇用管理制度を整備した上で、中途採用を拡大（中途採用率の向上または45歳以上を初めて雇用）する
キャリアアップ助成金（正社員化コース）	有期契約労働者等を正規雇用労働者等に転換または直接雇用する
人材開発支援助成金（教育訓練休暇付与コース）	有給教育訓練休暇制度を導入し、労働者が当該休暇を取得して訓練を受けた場合
雇用調整助成金	休業、教育訓練、出向で従業員の雇用を維持する
人材確保等支援助成金（人事評価改善等助成コース）	生産性向上に資する人事評価制度と賃金制度を整備する
両立支援等助成金（出生時両立支援コース）	男性労働者に育児休業を取得させる
両立支援等助成金（介護離職防止支援コース）	仕事と介護の両立支援に関する取組を行なう
業務改善助成金	事業場内のもっとも低い時間給を引き上げ、生産性向上に資する設備投資等を行なう

を行なおうと思っている」「時給を上げてあげたい」など、むずかしく考えずに自社の状況を話して、「もし、いい助成金があれば教えてください」と伝えておくだけです。

そうすれば、あなたの会社に合う助成金があれば、経営指導員が教えてくれます。

重要なことは、「予算に上限があるため早い者勝ちの性格を持っていること」「申請期限が厳密に定められているのでタイミングを外さないこと」です。

とくに予算の上限に関しては、申請書を作成して申し込もうとしたら、すでに予算がなく受理してもらえないとなれば、貴重な時間がむだになります。したがって、ハローワークに残りの予算状況を確認することも大事です。

助成金の交付が決定しても、期限内に実績報告書を作成し、報告しなければ支払いはされません。実績報告をする際に必要な書類など、準備しておく必要があるものを事前に教えてもらっておくと、実績報告のときにあわてなくてすみます。

前ページに主な助成金を掲載していますが、この他にも多くの助成金があります。

※**「生産性要件」**は、次の算式によって計算します。
生産性＝（営業利益＋人件費＋減価償却費＋動産・不動産賃借料＋租税公課）÷（雇用保険被保険者数）

ジョブ・カード制度で人材を育成しよう！

健人「労働保険の手続きや助成金については不安がなくなりました。でも、いい人が来てくれるか、人材育成をどのようにしたらいいかなど、まだまだ悩みはつきません」
社長「会社やお店を経営をしていくうえで、『人材』は『人財』と言われるように非常に重要だけど、どんな人が来てくれるかわからないし、リスクが大きいと言えるね」
健人「僕と同様の悩みを抱えている会社は多いと思いますが、いい方法はないのですか？」
社長「厚生労働省のジョブ・カードを活用した制度があるから、くわしいことは地域ジョブ・カードセンターに相談してみるといいと思うよ」

地域ジョブ・カードセンターと地域ジョブ・カードサポートセンターは、全国111ヶ所の商工会議所にあります。
このすべてのセンターでは、ジョブ・カード制度の職業訓練の実施を希望する企業に対して、訓練実施計画や訓練カリキュラム、職業能力証明（訓練成果・実務成果）シート〈企業実習・ＯＪＴ用〉の作成をはじめ、職業訓練を実施するにあたってのアドバイス、助成金を支給申請するためのアドバイスなど、各種の申請手続きの支援をしてくれます。

ジョブ・カード制度は、正社員の経験が少ない求職者などが、職務経歴や教育訓練歴、取得資格などの情報をまとめて「ジョブ・カード」に記載することにより、自らの職業能力を客観的かつ具体的に提示し、求人企業とのマッチングを促進するものです。

このジョブ・カード制度を使った職業訓練は、平成20年度のスタートから平成28年3月31日までに、約3万6000社（96％が中小企業）が活用しており、そのほとんどが初めて実施した企業です。

この職業訓練には、以下のようなメリットがあります。

・訓練期間を通じて訓練生の適性や職業能力を判断できるため、自社のニーズに合った人材を育成できる可能性が高まる
・訓練カリキュラムに盛り込んだＯｆｆ‐ＪＴ（座学等）とＯＪＴ（実習）を通じて訓練生の職業能力を高めることによって、有能な人材を育成できる
・自社のパートなどの非正規雇用労働者を正社員として登用するときにも活用できる
・訓練終了後に国から支給される助成金を活用することによって、訓練の実施に要するコス

ジョブ・カード制度の職業訓練

有期実習型訓練	人材開発支援助成金（特別育成訓練コース）	Off-JT：1人1時間につき、760～960円 訓練時間数に応じて経費助成、実費助成あり OJT：1人1時間につき、760～960円
認定実習併用職業訓練（実践型人材養成システム）	人材開発支援助成金（特定訓練コース）	Off-JT：1人1時間につき、760～960円 経費助成あり OJT：1人1時間につき、665～840円
特定分野認定実習併用職業訓練		
中高年齢者雇用型訓練		

トを軽減できる

ジョブ・カード制度の職業訓練は、「有期実習型訓練」と「認定実習併用職業訓練（実践型人材養成システム）」「特定分野認定実習併用職業訓練」「中高年齢者雇用型訓練」の4種類があります。

実際に職業訓練を実施した時間数が計画した時間数の8割を上回るなど、一定の要件を満たしている場合は、助成金（助成額は中小企業の額）が支給されます。

有期実習型訓練（基本型）の流れ

キャリアアップ計画書の作成・提出

▼

訓練計画届の作成・提出

▼

訓練生の募集

▼

キャリアコンサルティングの実施

▼

求職者との面接（訓練生の選考・決定）

▼

有期実習型訓練（3ヶ月以上6ヶ月以内）の実施

▼

訓練開始届の提出

▼

職業能力の評価、正社員としての採用（または不採用）の決定

▼

キャリアアップ助成金（人材育成コース）の支給申請

※有期実習型訓練は2種類ある
①基本型（訓練生を新たに雇い入れる場合）
②キャリアアップ型（すでに雇用しているパートやアルバイトなどの非正規雇用労働者を訓練生にする場合）
詳細は厚生労働省のホームページを確認のこと

検定試験でスキルアップしよう

簿記検定

簿記は企業規模や業種、業態に関係なく、日々の経営活動を記録・計算・整理して結果を明確にする記帳法です。この技能を習得することにより、財務諸表を読む力、経営計画の策定、経営管理や分析等の基礎を身につけることができます。

簿記検定は、商工会と商工会議所が実施しています。

【全国商工会簿記検定】

試験級は3級あり、商業簿記のうち基礎的な商業簿記原理および記帳、決算等に関する初歩的な実務を理解しているか否かを検定します。小企業経営、一般記帳向きです。

【日商簿記検定】

商工会議所の検定は「商工会議所法」に基づき、全国統一の基準により実施している「公的試験」であり、各級のレベルは以下のとおりあり、どの級からでも受験できます。

1級	極めて高度な商業簿記・会計学・工業簿記・原価計算を修得し、会計基準や会社法、財務諸表等規則等の企業会計に関する法規を踏まえ、経営管理や経営分析ができる。
2級	経営管理に役立つ知識として、もっとも企業に求められる資格のひとつ。企業の財務担当者に必須。高度な商業簿記・工業簿記（原価計算を含む）を修得し、財務諸表の数字から経営内容を把握できる。
3級	ビジネスパーソンに必須の基礎知識。経理・財務担当以外でも、職種にかかわらず評価する企業が多い。基本的な商業簿記を修得し、経理関連書類の適切な処理や青色申告書類の作成など、初歩的な実務がある程度でき、中小企業や個人商店の経理事務に役立つ。
初級	ビジネスパーソンが業種・職種にかかわらず、日常業務をこなすための必須知識。簿記の基本用語や複式簿記の仕組みを理解し、業務に活用できる。

販売士検定

商工会議所の検定試験で、販売に必要な商品知識や販売技術、仕入や在庫管理、マーケティングなど、より高度で専門的な知識を持つ人材の育成を目指した内容となっています。

小売業従事者だけでなく、製造業や卸売業、サービス業の人も受験しています。各級のレベルは以下のとおりあり、どの級からでも受験できます。

1級	店長や経営者クラス。トップマネジメント全般に関する商品計画や商品予算の策定、マーケティング政策の立案、人事・労務・財務管理といった知識が身につく。
2級	売場の管理者クラスのレベル。店舗管理に不可欠な従業員の育成や指導、仕入や在庫の管理といった知識が身につく。
3級	売場の販売員のレベル。販売員としてもっとも重要な接客マナーや販売技術といった接客業務に関する知識が身につく。

電子会計実務検定

会計実務においても、パソコンソフト等の活用による電子会計が、業種・業態、企業規模を問わず普及しています。この電子会計実務検定は、会計ソフトを導入し、経理・会計事務の省力化、効率化を図るとともに、簿記の理論・知識をもとに、そこから得られる会計情報を分析・活用し、経営に役立てることができる人材の育成を目指した内容となっています。

各級の出題範囲は以下のとおりであり、どの級からでも受験できますが、簿記の理論と知

3級	2級	1級
電子会計データの流れ（各種原始証憑の見方・取り扱い、会計データの入力、各種電子帳簿書類の出力、電子会計データのバックアップとバックアップデータのリストア〈復元〉等）、**電子会計情報の活用**（各種電子帳簿書類の見方 等）	**関連業務等からの業務データ等の活用**（購買、製造、販売、在庫管理、給与計算等の関連業務から生成される各種業務データの活用、支店別・営業所別会計等からの会計データの活用）、**電子会計情報の活用**（決算書・資金繰り表等による損益状況や資金状況の捉え方 等）、**電子会計データの保管・管理**（電子会計データの保管・管理方法 等）	**電子会計情報の活用**（各種電子帳簿書類やキャッシュ・フロー計算書、外部ファイナンス情報等に基づく利益計画、資金計画、予算管理、部門管理、プロジェクト管理 等）、**会計ソフトの導入・運用**（会計ソフトの導入・運用の指導・支援、インターネットバンキングの仕組みの理解 等）、**会計データの電子保存と公開**（電子帳簿保存法の理解、財務情報のウェブサイトへの公開）、**電子申告・納税システムの理解**（電子申告、電子納税、電子申請・届出等の理解）、**企業会計以外の会計システムの理解**（ＮＰＯや公益法人等の会計の仕組みの理解）

識が必要です。

この他にもビジネス実務に役立つ検定試験があるので、最寄りの商工会や商工会議所のホームページを検索してみてください。

各種セミナー・講習会の活用

商工会や商工会議所では年に数回、セミナーや講習会を実施しており、各分野の専門家が、会員のために事業に関する内容を2～3時間、講義しています。

参加費用は無料または会員割引があり、通常、商工会や商工会議所以外で個人で参加しようとすれば、数千円～数万円かかるのでお得です。

いつ、どこで開催されるか等は、商工会や商工会議所が定期的に発行している「商工会だより」や「商工会議所だより」に掲載されていたり、ホームページやメールマガジンで情報発信されています。

このようなセミナーを開催してほしいという希望があれば、商工会や商工会議所に話してみると、もしかしたら実現してもらえるかもしれません。セミナー担当者は、会員の皆さんのニーズに沿ったセミナーを開催したいと考えており、日々、情報収集しているからです。

開催日が平日の日中の場合もありますが、ぜひ参加されることをお勧めします。

セミナー・講習会の開催例

総務担当者の人材育成セミナー	経営革新セミナー
クレーム対応セミナー	販売促進セミナー
業務改善セミナー	メンタルヘルスセミナー
経営計画書作成セミナー	接客・おもてなしセミナー
新入社員研修	IT活用業績向上セミナー
事業承継セミナー	資金繰り表作成セミナー
創業セミナー	決算書の読み方セミナー
補助金活用・獲得セミナー	外国人観光客おもてなしセミナー
営業力強化セミナー	販路開拓セミナー
就業規則策定セミナー	キャッチコピー講座
BCP(事業継続計画)策定セミナー	中堅社員研修
後継者育成セミナー	売れるチラシ・DM作成セミナー
SNS活用セミナー	POPセミナー
売上アップセミナー	リピーターづくりセミナー
商店街活性化セミナー	労務管理のコツセミナー
ネットショップ活用セミナー	電話応対マナー研修会
女性創業セミナー	顧客満足度向上セミナー
経営分析セミナー	集客力アップセミナー
価格戦略セミナー	販路開拓セミナー
パソコンセミナー	簿記セミナー
ビジネスマナー研修会	「働き方改革」セミナー
商談会対策セミナー	セキュリティ対策セミナー

商工会・商工会議所の様々な支援制度を活用する

【GS1事業者コード・貿易関係証明の発行・容器包装リサイクル法の対応】

商工会や商工会議所では、貿易取引に必要な各種の証明など、会員事業者に必要な様々な支援もしています。

本項で記載している支援以外にも、会員証明、日本法人証明、営業証明なども実施しているので、必要に応じて最寄りの商工会や商工会議所に問い合わせてみるといいでしょう。

GS1事業者コード

商工会や商工会議所では、GS1事業者コード（旧JANコード）を取得するための登録申請受付と、すでに登録している人の更新申請受付を行なっています。

同コードは、日本の共通商品コードとして流通情報システムの重要な基盤となっています。バーコードとして商品などに表示され、POSシステムをはじめ、受発注システム、棚卸、

GS1 事業者コード新規登録手続きの流れ

冊子「はじめてのバーコードガイド」（無料）を最寄りの商工会または商工会議所にて入手。巻末にある登録申請書に必要事項を記入

▼

登録申請料を支払う（郵便振込または銀行振込）

▼

登録申請書を商工会または商工会議所に郵送または持参

▼

約2週間後に「登録通知書」が郵送で届く

GS1 事業者コード新規登録申請料

（消費税8%込）

業態区分を確認

→ 製造業

年商	ランク	登録申請料(3年間分)
500億円以上	A	250,560円
50億円以上～500億円未満	B	142,560円
10億円以上～ 50億円未満	C	99,360円
5億円以上～ 10億円未満	D	66,960円
1億円以上～ 5億円未満	E	34,560円
1億円未満	F	12,960円

→ 卸・小売業・サービス業等

年商	ランク	登録申請料(3年間分)
1,000億円以上	A	250,560円
500億円以上～1,000億円未満	B	142,560円
100億円以上～500億円未満	C	99,360円
50億円以上～100億円未満	D	66,960円
10億円以上～ 50億円未満	E	34,560円
10億円未満	F	12,960円

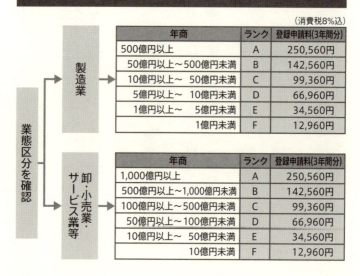

GS1 事業者コード更新手続きの流れ

GS 1 事業者コードの有効期限が切れる約 1 ～ 2 ヶ月前に、流通システム開発センターより「更新手続き書類」が届く

▼

更新申請書に必要事項を記入

▼

更新申請料（3 年分）は、直近の登録事業者の「業態区分」「年商」「貸与コードのタイプと数」により決まる

▼

更新申請書を商工会または商工会議所に送付

GS1 事業者コード標準タイプ更新申請料

（消費税8%込）

業態区分を確認

→ 製造業

年商	ランク	更新申請料(3年間分)
500億円以上	A	216,000円
50億円以上～500億円未満	B	108,000円
10億円以上～　50億円未満	C	64,800円
5億円以上～　10億円未満	D	32,400円
1億円以上～　5億円未満	E	32,400円
1億円未満	F	10,800円

→ 卸・小売業・サービス業等

年商	ランク	更新申請料(3年間分)
1,000億円以上	A	216,000円
500億円以上～1,000億円未満	B	108,000円
100億円以上～500億円未満	C	64,800円
50億円以上～100億円未満	D	32,400円
10億円以上～　50億円未満	E	32,400円
10億円未満	F	10,800円

在庫管理システムなどに利用されています。

GS1事業者コードの有効期間は初回登録した翌月より起算して3年間です。有効期限後も継続して利用する場合は、3年ごとの更新手続きが必要です。

貿易関係証明の発行

原産地証明書をはじめとする貿易関係証明を申請する法人（団体）・個人は、あらかじめ貿易登録として**「貿易関係証明申請者の署名届」**等の手続きをする必要があります。

商工会や商工会議所では、以下のような貿易関係証明業務をしており、貿易取引をサポートしています。

①原産地証明

原産地証明とは、産品の国籍証明書であり、当該産品の通関のときに関税区分判断等の根拠となる書類です。原産地証明書は貨物の原産地の真実性を保証するために、輸出地の商工会や商工会議所、官庁、輸出国所在の輸入国領事館等が証明する書類です。

②インボイス証明

インボイス証明とは、運賃送り状や輸出に先立ち、海外の取引先から求められた書類（見積書や注文書、確認状、船会社や航空会社により発行された貨物運送状、検査会社により発行された検査証明書のような船積み関連書類など）が、発行者により正規に作成され、商工会や商工会議所に提示されたという事実を証明するものです。

③サイン証明

申請者が書類上に肉筆で自署した署名が、商工会や商工会議所に登録されているものと同一であることを証明することにより、その書類が署名者によって正規に作成されたものであることを間接的に証明するものです。

原産地証明等の書類の発給の流れは、次のようになっています。

【事前登録→証明書の作成→申請→審査・認証→発給・交付】

各種証明手数料は、各商工会、商工会議所により異なりますが、1件当たり1000円前後です。

「容器包装リサイクル法」の対応

「容器包装リサイクル法」は、家庭から出るゴミの約6割（容積比）を占める容器包装廃棄物の資源としての有効利用およびゴミの減量化を図るために制定されました。

この法律において再商品化義務を負う**特定事業者**（※）は、自らによる再商品化が行なえない場合、国の指定機関である「公益財団法人　日本容器包装リサイクル協会」と再商品化（リサイクル）委託契約を締結し、その義務の履行を委託することが義務づけられています。

特定事業者であるにもかかわらず、再商品化委託の申込みを怠ると、法の完全施行時（平成12年4月）までさかのぼって委託料金を支払う義務を負います。

特定事業者は、最寄りの商工会または商工会議所で再商品化の委託申込みの手続きをすることができます。

※**特定事業者**……「容器」「包装」を利用して中身を販売する事業者、「容器」を製造する事業者、「容器」および「容器」「包装」がついた商品を輸入して販売する事業者。

対象となる特定事業者かどうかは、「公益財団法人　日本容器包装リサイクル協会」のホームページで確認してください。

5章

お得に専門家のアドバイスを受けよう！

専門家派遣制度ってどんなときに使えるの？

社長「最近、お店の状況はどうかな？」
健人「うまくいってますよ！　でもメニューがマンネリ化しないように、新しい商品をつくろうと思っているのですが、客観的なアドバイスをしてくれるいい人を知りませんか？」
社長「プロのアドバイスを受けられる、専門家派遣制度を活用するといいと思うよ」
健人「……それって費用が高いんじゃないですか？」
社長「回数の制限があったりするけれど、無料の制度もあるよ」
健人「無料の制度もあるのですか！　すぐに相談に行ってきます！」

「専門家派遣制度」ってどんなもの？

企業は、経営・技術・情報・生産・税務・労務などについて、様々な問題を抱えていることがあります。そうした問題に対応するために、商工会・商工会議所の各種の専門家派遣制度には様々な分野の専門家が登録しています。

利用要件を満たしている企業であれば、専門家が直接事業所を訪問してくれて、問題解決に向けての実践的なアドバイスを受けることができます。

この章では、専門家にアドバイスを受けるためのいろいろな制度について紹介します。

【専門家とは？】

専門家とは、商工会や商工会議所の専門家派遣制度に登録している、専門的技術や実践的機能について深い知識や経験を持った、中小企業診断士・公認会計士・税理士・弁理士・社会保険労務士・司法書士・技術士などを指します。

中小企業診断士は、経営コンサルタントとして国（経済産業大臣）が認める唯一の国家資格です。中小企業者に対して適切な経営の診断、および経営に関するアドバイスをすることが主な業務ですが、中小企業と行政・金融機関等をつなぐパイプ役として、また専門的知識を活用して中小企業施策の適切な活用支援をするなど幅広く活動しています。

【専門家派遣制度の利用の流れ】

商工会や商工会議所で、随時、申込みを受け付けています。また経営支援の一環として経営指導員が活用を勧めることもあります。

専門家派遣制度利用の流れ

相談　最寄りの商工会・商工会議所に相談

▼

選定　商工会・商工会議所が、相談内容に合った専門家を選定

▼

依頼　商工会・商工会議所が専門家へ派遣申込み

▼

実施　専門家が企業を訪問して支援を実施
（商工会・商工会議所の担当者が原則として同行）

企業の申込みを受けると、経営指導員が企業の状況や問題・課題に応じて、登録されている専門家の中から適切な人を選定し、派遣手続きを行ない、その後に専門家による経営支援が実施されます。

企業が相談したい、未登録の専門家を派遣することも可能な商工会や商工会議所もあるので、希望する専門家がいる場合は、相談してみるといいと思います。

費用は、規定回数内であれば、無料で利用できる場合が多くなっています。

【何回でも利用できるの？】

専門家派遣制度は、制度ごとに利用できる回数が違うので、最寄りの商工会、商工会議所で確認してください。

通常、派遣回数の上限内で相談に対する経

どのようなときに専門家派遣制度が使えるか？

●経営一般および経営管理の指導を受けたい
●経営計画を作成し、課題を抽出して具体的な取組で改善していきたい
●「経営革新計画」の承認を取りたい（72ページ参照）
●事業の転換や多角化をしたい
●新分野参入のための情報収集と経営ビジョンをつくるためのアドバイスを受けたい
●店舗レイアウト、ディスプレイの指導を受けたい
●商品デザインを見直したい
●新商品の開発のアドバイスや販路拡大について知りたい
●効果的なチラシやパンフレット、POPの作成方法を知りたい
●インターネットを活用した集客方法（SNS・ホームページ・ブログ）について知りたい
●社内の情報効率化を図りたいので、コンピュータの導入について相談したい
●従業員のやる気を引き出したい
●就業規則・服務規程・退職金規程等の作成の仕方を具体的に知りたい
●特許登録、商標登録・実用新案登録等の実務指導を受けたい
●自動化・省力化を進め、作業能率の向上を図りたい
●品質管理を導入し、製品ロスを減らしたい
●作業能率の向上によって、コストダウンを図りたい
●原価計算の方法を知りたい
●後継者の育成をしたい
●事業承継にあたり、税制面でのアドバイスと経理処理の方法について知りたい

営支援を完了しますが、同じ専門家にその後も継続して支援してほしい、他の相談もしたいというような場合は、個別に契約することもできるので、専門家に相談したらいいでしょう。

前ページ表のようなケース以外にも、経営に関する様々な状況で活用することができます。

「経営・技術強化支援事業（エキスパートバンク）」とは？

「経営・技術強化支援事業（エキスパートバンク）」とは、経営・営業・生産・技術・ITなどで問題を抱えている小規模事業者等を支援する目的で、商工会や商工会議所が選定した専門家（エキスパート）を直接事業所に派遣する制度で、専門家が具体的かつ実践的な指導やアドバイスをすることで課題解決を目指します。

利用対象者は、小規模事業者（商業・サービス業では常用の従業員が5名以下、製造業・その他の事業は20名以下の企業）、または創業予定者です。

ミラサポで専門家派遣制度を活用しよう

企業支援ポータルサイト「ミラサポ」に登録すると、「ミラサポ」に登録している専門家を無料で派遣してもらい、アドバイスを受けることができます。

【専門家とは？】

中小企業診断士、税理士、公認会計士、弁護士、その他の公的資格を有する者等、豊富な経営支援の実績があり、支援機関の推薦を受けた人を指します。

【利用対象者】

中小企業者および起業を目指す人、かつ国内に主たる事務所または事業所を有する人（起業に係る場合にあっては、国内に主たる事務所または事業所を設置しようとする者）で、以下の条件に合った企業または個人事業主です。

①資本金または従業員が、業種ごとに定める額または人数以下の会社または個人事業主（76ページ下表参照）

②中小企業団体の組織に関する法律（昭和32年法律第185号）第3条第1項に規定する中小企業団体

※第3条の法律による中小企業団体とは、事業協同組合、事業協同小組合、火災共済協同組合、信用協同組合、協同組合連合会、企業組合、協業組合、商工組合、商工組合連合会を指します。

③特別の法律によって設立された組合またはその連合会であって、その直接または間接の構成員たる事業者の3分の2以上が①のいずれかに該当する者であること

なお、NPO法人、社会福祉法人、財団法人、社団法人、医療法人（医師・歯科医師等）、学校法人、宗教法人、任意団体、有限責任事業組合（LLP）、第三セクター等は、支援対象外なので注意してください。

【利用可能期間】

随時可能ですが、予算がなくなった時点で終了となってしまうので、早めに利用することをお勧めします。

【派遣回数・費用】

1事業者1年度あたり原則3回まで利用可能であり、料金は無料です。

ミラサポでの専門家派遣制度利用の流れ

登録	ミラサポの会員登録・企業情報登録
▼	
相談	最寄りの商工会・商工会議所に相談
▼	
依頼	商工会・商工会議所が専門家へ派遣申込み
▼	
実施	専門家が企業を訪問して支援を実施（商工会・商工会議所の担当者が原則として同行）
▼	
従事証明評価の入力	派遣された専門家の支援業務に関する従事証明の入力と専門家の支援内容の評価をする

【相談可能内容】

相談内容については経営全般です（経営革新、地域資源活用、農商工等連携、連携、海外展開、創業、事業再生および再チャレンジ、事業承継、ものづくり、ITを活用した経営力強化、知的資産経営、雇用・労務関係、資金繰り、販路拡大・販促支援、債権保全・債権回収、契約・取引、ＢＣＰ〈事業継続計画〉、輸出管理、ＩＴ導入補助金など）。

ただし、ホームページの作成や借入申請書の作成、就業規則の作成、社員研修、セミナー講演、税金対策（節税）、ＰＣ操作、派遣先中小企業者等の業務の代行を目的とするものなど、派遣の対象とならないものもあるので注意が必要です。

経営不振に陥ったときは「経営安定特別相談室」がある

社長「健人君、めずらしく元気がないけど何かあったのかい？」
健人「友人が経営する会社の取引先が倒産して、大きな影響が出ているそうなんです」
社長「それは心配だね。まだ何とかなる……もう少しがんばれば……と事業を続けているうちに、事態はより深刻になって傷口を大きく広げてしまうこともある。
経営が不振に陥ったときは病気と同じで、早期に適切な手を打つことが深刻な事態を回避するためには重要なんだよ。**経営安定特別相談室**というところを知っているかい？」
健人「経営安定特別相談室？」
社長「例えば、『取引先が倒産して大きな打撃を受けた』『赤字が解消されない』『融資を受けて経営不振を切り抜けたい』『思いきった経営の改善策を考えたい』『受注が減って不振の状態が長引きそう』というような状態のときに相談に乗ってくれるよ」
健人「わかりました。友人にすぐに相談に行くように伝えます」

企業倒産に伴う地域の社会的混乱を未然に防止する

「経営安定特別相談室」は、倒産の恐れのある中小企業から事前に相談を受けて、経営的に見込みのある企業については、関係機関の協力を得て再建の方途を講じます。

一方、経営の安定が困難と見られる企業については円滑な整理を図ることにより、企業倒産に伴う地域の社会的混乱を未然に防止することを主な目的として相談業務を行ないます。

昭和54年にスタートして以来、1万件以上の企業の相談に応じ、多くの企業の倒産防止と危機回避に役立っています。

【相談の窓口】

「経営安定特別相談室」は、全国の232の商工会議所と47都道府県商工会連合会に設置されています。

【相談室の構成】

相談室は、経済や中小企業の実情にくわしい**商工調停士**を中心に、弁護士・税理士・中小企業診断士など、各分野の専門家から構成されています。

商工調停士とは、「経営安定特別相談室」において、中小企業の倒産に係る諸問題の円滑な解決のための相談・指導を総括するのがその職務です。都道府県商工会連合会または商工会議所会頭より、その職務を委嘱されています。

【費用】

相談に関する費用は無料で、登録も必要ありません。ですが、民事再生、自己破産などの法的手続きを弁護士に委任するような場合には、相談者の負担となります。なお相談内容に関しては秘密厳守です。

【対応策】

相談室は、経営不振に陥り倒産の恐れが生じた中小企業者から相談を受けると、まずその企業の経営・財務内容の調査を行ない、状況の把握と分析作業を進めます。

この調査・分析に基づいて倒産回避の方策について検討を行ない、場合によっては金融機関などの債権者に対し、手形決済の延期や支払の延期などの協力要請をします。

こうした応急的措置のほか、必要に応じて融資斡旋、あるいは事業転換などについても助言を行ないます。

検討した結果、残念ながら倒産の回避が困難だと認められる場合は、社会的影響を最小限にとどめるために、民事再生や自己破産などの整理方法、法的手続き等について弁護士が指導・助言を行ないます。

なお、相談の費用は無料ですが、相談・指導の後に法的手続きを個人的に弁護士に依頼するような場合には相談者の負担となります。

元気度チェック!! あなたの会社の「元気度」は？

①利益低下(赤字)	②資金繰り悪化	③借金過多(原因)
売上(受注・客数・客単価)がだんだん減ってきた	借入金がだんだん増えてきて返済がきつくなった	売掛金以外の債権の回収不能による借入がある
金利がだんだん増えてきた	支払手形、買掛金の支払をジャンプしてもらったり、引き延ばすようになった	過大な設備投資による借入がある
貸倒れがだんだん増えてきた	売掛金の回収が遅れたり、受取手形の不渡りが生じた	赤字が出たときの借入がある
稼働率(人・物・設備の流れ)が低下してきた	従業員の賃金等の支払が遅れてきた	在庫過大による借入がある
粗利益率が低くなってきた	借入金のために常に銀行等に出向くようになった	売掛金回収の遅れ、受取手形の不渡りによる借入がある
経費がだんだん増えてきた	源泉税・社会保険の支払が、だんだん遅れてきた	—
—	少額でも高利の金や融手で資金調達をしたくなった	—

各項の○の数	元気度
1～2個	経営状態に体力の低下が現われてきている。折を見て経営の見直しを
3～4個	経営状態に体力の補給不足が現われている。すみやかに経営の見直しを!
5個以上	体力が激しく消耗している。ただちに補給を!!

経営持続困難　下記にあてはまればすぐに相談が必要!!	
振出手形の所持人が買戻しをさせられた	資金調達のため粉飾決算を行なった
高利の資金を調達した。融手を乱発した	能力のある従業員がやめていく
主力銀行および政府系中小企業金融機関から資金調達ができなかった	

定期的に実施されている専門家の相談会

健人「専門家派遣制度を活用すると、専門家に相談できることはわかりました。ただ、もう少し手軽に相談できる方法はないのですか？」
社長「定期的に無料で専門家と相談ができる日もあるよ。専門家派遣制度を活用するほどではないけど、専門的な意見を聞きたいときにはそんな機会を利用するといいよ」

各商工会や商工会議所では、経営指導員による一般経営相談に加えて、複雑な税務や法律問題などの専門的事項に関する相談に対応するために、定期的に無料で経営相談日を設けています。

各商工会や商工会議所によって実施している専門家の相談メニュー、開催頻度、事前予約が必要か否かなど異なるので、最寄りの商工会や商工会議所で確認してください。

定期相談会の内容

	相談内容	相談員
経営相談	商業・工業診断	中小企業診断士
金融相談	開業資金・事業用資金 （運転・設備）など	日本政策金融公庫 信用保証協会
税務・経理相談	法人税・相続税・所得税等、 各種税務	税理士
法律相談	事業に関わる法的な相談、 取引先とのトラブルなど	弁護士
登記相談	不動産登記・会社法人登記など	司法書士
特許・商標相談	特許・商標・著作権等、 知的財産全般	弁理士
労務・社会保険相談	人事管理・就業規則・労務管理・ 労働保険・年金など	社会保険労務士
許認可相談	内容証明・建設業者登録・ 営業許可相談	行政書士

※商工会や商工会議所によって、実施していない場合もある

6章

会社・事業主・従業員のまさかに備える

経営者の退職金制度はないの？

健人「個人事業主がサラリーマンのように退職金がもらえる制度はないのですか？」
社長「経営者が、廃業・退職（世代交替）といった事態に備えて積み立てていく、『独立行政法人　中小企業基盤整備機構』が運営している小規模企業共済制度というものがあるよ」
健人「経営者が将来に備える制度があるんですね！」

【小規模企業共済制度】

「小規模企業共済制度」とは、いわば「経営者の退職金制度」と言えるものです。

小規模企業の個人事業主、共同経営者、または会社などの役員が、会社等の解散、あるいは疾病・負傷・老齢で退任した場合など、第一線を退いたときに、生活の安定または事業の再建などを図る資金をあらかじめ準備しておく共済制度です。

「小規模企業共済制度」の概要

加入対象者	常時使用する従業員が20人（商業とサービス業〈宿泊業、娯楽業を除く〉では5人）以下の個人事業主やその経営に携わる共同経営者、会社等の役員、一定規模以下の企業組合、協業組合、農事組合法人の役員
掛金	1,000円から7万円までの範囲（500円単位）で、加入後に増額または減額ができます。
共済金 （解約手当金）	廃業時・退職時などに共済金を受け取れます。一時払い、または分割払いが（条件により併用も可）選択できます。ただし、分割払いの場合は、一定の要件が必要です。
契約者貸付制度	納付した掛金の範囲内で事業資金の貸付けが受けられます（一般貸付け・緊急経営安定貸付け・傷病災害時貸付け・福祉対応貸付け・創業転業時貸付け・新規事業展開等貸付け・事業承継貸付け・廃業準備貸付け）。担保・保証人は不要です。
税法上のメリット	掛金は、税法上全額が「小規模企業共済等掛金控除」として課税対象所得から控除できます。1年以内の前納掛金も同様に控除できます。

※詳細に関しては、最寄りの商工会または商工会議所に確認のこと

従業員の退職金にお得に備えるには？

健人「従業員を雇用するようになって、社長としてより責任感が出てきました。そこで従業員のために退職金を準備しておきたいのですが、貯めておく自信がなくて……」
社長「中小企業が独力で退職金を準備しておくのはたいへんだよね。そのような中小企業を応援するために、退職金制度を設ける、いい制度があるよ」

【中小企業退職金共済制度（略称：中退共制度）】

中退共制度は、独力では退職金制度を設けることがむずかしい中小企業に、事業主の相互共済の仕組みと国の援助によって退職金制度を設け、中小企業で働く人の福祉の増進を図り、中小企業の振興に寄与することを目的としています。

これは「独立行政法人　勤労者退職金共済機構・中小企業退職金共済事業本部（中退共）」が運営しています。

「中小企業退職金共済制度」の概要

加入対象者	中小企業基本法に定められている中小企業者。ただし、個人企業や公益法人等の場合は、常用従業員数によります（106ページ表参照）。
掛金	●従業員ごとに16種類から選択できます。パートタイマーの人には、一般の従業員より低い特例掛金月額があります。 ●掛金月額は加入後いつでも変更できます。 ●掛金は12ヶ月分を限度として、一括納付（前納）できます。
国の掛金助成	**新規加入助成** 掛金月額の1/2（従業員ごとに上限5,000円）を加入後4ヶ月目から1年間、国が助成します。短時間労働者の特例掛金月額2,000円・3,000円・4,000円には掛金月額の1/2の額にそれぞれ300円・400円・500円が上乗せされます。 ●18,000円以下の掛金月額を増額する事業主に増額分の1/3を増額月から1年間、国が助成します。 **月額変更助成** 掛金月額が18,000円以下の従業員の掛金を増額する事業主に、増額分の3分の1を増額月から1年間、国が助成します。 ※20,000円以上の掛金月額からの増額は助成の対象にはなりません。
退職金の支払	退職した従業員の請求に基づき、機構・中退共から退職金が直接支払われます。
税法上のメリット	掛金は法人企業の場合は損金、個人企業の場合は必要経費として全額非課税となります。

※詳細に関しては、最寄りの商工会または商工会議所に確認のこと

病気やケガによる休業時の所得減に備えるには？

【全国商工会経営者休業補償制度】
【全国商工会議所休業補償プラン】

この制度は、商工会や商工会議所会員事業者の経営者や個人事業主、従業員が、病気やケガで働けなくなった場合に、休業前の所得と公的補償の差額をカバーする（生活水準を落とすことなく、安心して療養に専念できるように設計した）保険制度です。

従業員の福利厚生だけでなく、経営者本人の万一の備えにも利用できる内容となっており、公的な社会保障制度（政府労災保険の休業補償給付など）というセーフティネットのない自営業者も加入できます。

なお、詳細については引受保険会社によって異なるので、最寄りの商工会または商工会議所に問い合わせてください。

「全国商工会経営者休業補償制度」
「全国商工会議所休業補償プラン」の概要

加入対象者	●商工会や商工会議所の会員事業者 ●会員である事務所に勤務している人、ならびにそれらの人の家事従事者の人 ※引受保険会社によって詳細内容が異なります。
補償内容・保険料等	引受保険会社によって内容が異なるため、詳細については、最寄りの商工会または商工会議所に問い合わせてください。
特徴	●病気やケガで働けなくなった場合、契約の月額補償を免責期間の翌日から最長1年間受け取れます。 ●入院中のみならず、自宅療養期間中の就業不能も補償の対象となります。 ●国内・海外・業務中・業務外を問わず、365日24時間補償されます。 ●加入時の医師の審査は、原則不要です。 ●天災（地震・噴火・津波など）によるケガも補償されます。 ●団体割引が受けられるため、保険料が割安です。

※詳細に関しては、最寄りの商工会または商工会議所に確認のこと

労働災害リスクから企業を守るためには？

【商工会の業務災害保険】
【商工会議所の業務災害補償プラン】

近年、従業員の負傷等による労働災害のほかに、うつ病による自殺や過労死などの新しい労働災害が増加しています。加えて、中小企業等が負担する賠償金も高額化してきており、賠償金額が億単位になったような場合、会社経営を脅かすことにもなります。

従来型の負傷型労災（従業員の業務中のケガ）の補償および労働災害の責任が企業にあると法律上判断された場合（例えば、安全配慮義務違反を問われた等）に、発生する企業の損害賠償責任（賠償金の支払など事業者負担の費用）を補償する保険で、商工会や商工会議所では、次ページのような保険制度を設けています。

なお、詳細については引受保険会社によって異なるので、最寄りの商工会または商工会議所に問い合わせてください。

「商工会の業務災害保険」
「商工会議所の業務災害補償プラン」の概要

加入対象者	政府労災保険に加入している商工会または商工会議所の会員事業者
補償内容・保険料等	引受保険会社によって内容が異なるため、詳細については、最寄りの商工会または商工会議所に問い合わせてください。
特徴	●雇用形態にかかわらず、補償（パート、アルバイト、派遣、委託作業者、下請負人等を含む全従業員を包括補償）。 ●従業員のケガと企業の賠償リスクの両方に備えることが可能です。 ●政府労災の支給を待たずに保険金の受け取りが可能です。 ●政府労災で認定された精神障害、脳・心疾患などの疾病や自殺など、幅広いパターンを補償しています。 ●業務中の天災（地震・噴火・津波等）によるケガ等も補償しています。 ●パワハラ、セクハラ等による事業者、役員、使用人の法律上の賠償責任を補償しています。 ●保険料は全額損金または必要経費に算入可能です。 ●役員個人の賠償責任も補償しています。 ●団体割引が受けられるため、保険料が割安です。

※詳細に関しては、最寄りの商工会または商工会議所に確認のこと

製造・販売した製品などによる事故に備えるには？

中小企業ＰＬ保険制度とは？

ＰＬ（Product Liability）とは、製造物責任のことです。

製品の欠陥によって、消費者である第三者が体に障害を負ったり、または財物の損壊を被った場合、その製品の製造・販売に関与した事業者は、被害者に対して法律上の損害賠償責任を負います。

「中小企業ＰＬ保険制度」とは、事業者が製造・販売した製品や、手がけた仕事の結果が原因となって人身事故や物損事故が発生し、損害賠償請求された際に発生する損害賠償支払義務について、損害賠償金・訴訟費用などを担保する保険です。

なお保険制度に関する詳細な内容に関しては、最寄りの商工会や商工会議所に問い合わせてください。

【加入対象者】

中小企業基本法に定められている中小企業者（106ページ表参照）のうち、中小企業製造物責任制度対策協議会を構成する3団体（商工会議所、商工会、中小企業団体中央会）のいずれかの会員が対象です。脱会して保険期間開始日時点で非会員となった場合は、この保険には加入することはできません。

LPガス販売、旅館経営、航空機（部品を含む）製造、専門職業人（税理士、薬局、薬店等）等の人は、本制度の対象にはなりません。

【特徴】

・スケールメリットを活かした保険料率のため、保険料が低廉
・保険料は全額損金・必要経費に算入できる
・保険会社からPL関連の情報提供や事故発生時のバックアップを受けることができる
・食品製造販売・飲食業の人には、営業休止中の喪失利益などを補償する「食中毒・特定感染症利益担保特約」がある
・オプションでリコール特約に加入することができる

【保険料】

「業種」「前年度売上高」、選択した「加入タイプ」（PL保険制度）、リコール特約をセッ

トする場合はその種類と「加入タイプ」により保険料が算出されますから、この5点を商工会または商工会議所に伝えてください。

【保険金の支払対象】

①被害者に対し、法律上支払責任を負う損害賠償金

②保険会社の同意を得て支出した弁護士費用等の争訟費用

③他人から損害賠償を受ける権利の保全・行使手続き、またはすでに発生した事故に係る損害の発生・拡大の防止のために保険会社の同意を得て支出した費用

④賠償責任がないことが判明した場合、応急手当や護送等緊急措置に要した費用、または保険会社の同意を得て支出したそ

発生事故の事例

業種	事例	損害額
製造業	被保険者が製造した食品用の袋に製造上の欠陥があったため、納入先が製造・封入した生クリームが漏出し、損害が発生した。	300万円
工事業	被保険者が行なった防水工事に不備があり、施工後、雨水が建物内に漏れて、内装・設備等を汚損させた。	1,900万円
飲食業	被保険者の飲食店が提供した食事で約200名が食中毒症状を訴えた。調査の結果、卵に付着したサルモネラ菌が原因と判明した。	1,400万円

PL保険制度 加入タイプ

支払限度額〈1請求および保険期間中、対人・対物共通(合算)〉			
S型	A型	B型	C型
5,000万円	1億円	2億円	3億円

免責金額(自己負担額)〈1請求あたり〉
3万円

の他の費用

⑤被保険者が保険会社の求めに応じて協力するために支出した費用

なお、中小企業基本法に定められている中小企業者にあてはまらない場合は、**「全国商工会議所ＰＬ団体保険制度（中堅・大企業向）」**が活用できます。

また輸出製品に対する保険は、**「全国商工会議所中小企業海外ＰＬ保険制度」**が活用できるので、日本商工会議所のホームページを検索してみてください。

情報漏えいに備えるには?

大きなダメージになる個人情報漏えい

平成17年4月1日から全面施行された**個人情報保護法**により、個人情報の取扱いに関する意識が急速に高まっています。

企業では、個人情報の管理が一層強化されていますが、人為的ミスによるデータの紛失など、個人情報の漏えい事故を完全に防ぐことは困難です。

万が一、企業が取り扱う個人情報が漏えいした場合、被害者に対して損害賠償責任を負うだけでなく、企業イメージも大きなダメージを負うことになります。したがって、多くの個人情報や法人情報を取り扱う企業にとって、情報漏えいに対するリスクマネジメントは極めて重要な課題です。

そこで商工会や商工会議所は、個人情報が漏えいしてしまった場合に備えた保険制度を設けています。情報漏えいに関する保険制度の詳細な内容については、最寄りの商工会や商工会議所に確認してください。

【全国商工会情報漏えい保険】

商工会の会員向けに開発された制度で、全国商工会連合会を契約者とし、商工会の会員事業者を記名被保険者とする個人情報漏えい保険の団体契約です。

（＋法人情報漏えい担保特約条項〈全件付帯〉
＋クレジットカード番号等漏えい保険担保特約条項〈任意付帯〉
＋求償権不行使特約条項〈任意付帯〉
＋ｅ－リスク担保特約条項〈任意付帯〉）

【日本商工会議所情報漏えい賠償責任保険制度】

商工会議所の会員向けに開発された制度で、商工会議所の会員企業が加入できる団体保険制度です。

事業者（規模の大小は問わない）において、外部からの攻撃（不正アクセス、ウイルス等）、過失（セキュリティ設定ミス、廃棄ミス、単純ミス）、委託先（委託先での情報漏えい）、内部犯罪（従業員、派遣社員、アルバイト等）などによる情報の漏えいの結果、または情報漏えいのおそれが生じた場合、加入者が被った経済的損害に対して保険金が支払われます。

「全国商工会情報漏えい保険」の概要

加入対象者	商工会の会員事業者
保険料	保険料は、業務の種類・売上高・契約パターン・告知書による割引等により異なるため、最寄りの商工会に問い合わせてください。
補償内容	●偶然の事由により個人情報を漏えい、またはそのおそれが発生したことに起因して個人情報が漏えいし、保険期間中に法律上の損害賠償責任を負担することによって被る損害賠償金や訴訟費用などの賠償損害、および事故解決のために要した法律相談費用、事故対応費用、広告宣伝活動費用、コンサルティング費用、見舞金・見舞品購入費用などの費用損害 ●オプションとして、コンピュータ・ウイルスの感染や不正アクセス等により生じた、第三者の経済的損失に対する損害賠償金などを対象とすることも可能 ●従業員の犯罪も原則補償 ●サーバーに記録された個人情報データベース等に有効なアクセス制限が設けられていないことに起因する損害をてん補　など

契約例

パターン	支払限度額		自己負担金額（免責金額）
	賠償責任部分（1請求・保険期間中）	費用特約部分（1事故・保険期間中）	
A	1,000万円	100万円	10万円
B	3,000万円	300万円	10万円
C	5,000万円	500万円	10万円
D	1億円	1,000万円	10万円
E	3億円	3,000万円	10万円

※詳細に関しては、最寄りの商工会に確認のこと

「日本商工会議所情報漏えい損害責任保険」の概要

加入対象者	商工会議所の会員（株式公開を行なっていない消費者向貸金業者を除く）
保険料	保険料は会員事業者の年間売上高・業種・情報管理状況等により算出されるため、最寄りの商工会議所に問い合わせてください。
補償内容	●商工会議所会員企業が所有・使用・管理する（していた）個人情報が漏えいし、保険期間中に法律上の損害賠償責任を負担することによって被る損害賠償金や訴訟費用などの賠償損害、および事故解決のために要した法律相談費用、事故対応費用、広告宣伝活動費用、コンサルティング費用、見舞金・見舞品購入費用などの費用損害 ●個人情報のみならず、企業秘密となっている生産方法等、公然と知られていない特定の事業者に関する情報も補償対象 ●オプションとして、コンピュータ・ウイルスの感染による他人に対する損害など、情報システム・ネットワークに関連する事故による損害を対象とすることも可能 ●一般に予防策を講じにくいとされている使用人等の犯罪リスクにより会員事業者が被る損害を補償　など

加入プラン

セット名	支払限度額		免責金額 賠償損害・費用損害ごと
	賠償損害 基本リスク 求償リスク	費用損害	
A	1,000万円	100万円	10万円
B	5,000万円	500万円	10万円
C	1億円	1,000万円	10万円
D	3億円	3,000万円	10万円
E	フリープラン（賠償損害：3億円超、費用損害：3,000万円超）		

※詳細に関しては、最寄りの商工会議所に確認のこと

取引先の倒産の影響に備えるには？

【経営セーフティ共済（旧：中小企業倒産防止共済）】

取引先事業者の倒産の影響を受けて、中小企業者が連鎖倒産する等の事態を防止し、経営の安定を図るための制度です。

この制度を利用すると、取引先企業が倒産し、売掛金や受取手形などの回収が困難になった場合に、無担保・無保証人・無利子で借入ができます。

この制度は、中小企業倒産防止共済法に基づき、国が全額出資している「独立行政法人中小企業基盤整備機構」が運営しています。

「経営セーフティ共済」の概要

加入対象者	引き続き1年以上事業を行なっている ●「中小企業の新たな事業活動の促進に関する法律」に定められている中小企業者(76ページ下表参照) ●企業組合、協業組合、事業協同組合、商工組合等 ※上記に該当しない法人や組合(医療法人、農事組合法人、NPO法人、森林組合、農業協同組合、外国法人など)は加入対象になりません。
掛金	掛金月額は、5,000円から20万円までの範囲(5,000円単位)で自由に選択できます。および、5,000円から20万円までの範囲(5,000円単位)で増額、または一定の条件のもとで減額できます。
共済金	●加入後6ヶ月以上が経過して、取引先が倒産した場合に、納付掛金の10倍(最高8,000万円)か被害額相当のどちらか少ない金額の貸付けが受けられます。 ●無担保、無保証人、無利子
一時貸付金制度	●取引先事業者が倒産していなくても、共済契約者が臨時に事業資金を必要とする場合、解約手当金の95% を上限として貸付けが受けられます。 ●無担保、無保証人 ●貸付利率は金融情勢に応じて変動します。
解約手当金	掛金を12ヶ月以上払い込んで、共済契約が解約された場合、解約手当金が支払われます。
税法上のメリット	払い込んだ掛金は税法上、法人の場合は損金、個人の場合は必要経費に算入できます。また、1年以内の前納掛金も払い込んだ期の損金または必要経費に算入できます。

※詳細に関しては、最寄りの商工会または商工会議所に確認のこと

まとめて将来のリスクに漏れなく備えるには？

【ビジネス総合保険制度】

商工会や商工会議所には、将来に備えて様々な制度があるので安心できますが、種類がたくさんあるので、逆にどのように選択したらいいのか、よくわからない人もいるかもしれません。

商工会や商工会議所の制度は充実している一方、「補償内容の重複や漏れがないか心配」「どの保険に入ったらいいかわからない」「保険ごとの契約手続きが面倒」などの不安や疑問がある人もいると思います。

そこで、会員事業者を取り巻く様々な事業活動リスクに対する補償の漏れ・ダブリの不安を解消して総合的に補償してくれる**「ビジネス総合保険制度」**があります。

ビジネス総合保険制度に関する詳細な内容に関しては、最寄りの商工会や商工会議所で確認してください。

「ビジネス総合保険制度」の概要

加入対象者	次の①～③を満たす事業者 ①申込人および記名被保険者が商工会、商工会議所の会員事業者（個人事業者を含む） ②年間売上高100億円以下の会員事業者 ③主業務（売上高・完成工事高に占める割合のもっとも大きい業務）が「製造業」「販売業（卸売業・小売業）」「飲食業」「サービス業」「建設業」 ※引受保険会社によって異なります。
保険料	加入時に把握可能な最近の会計年度（1年間）の税込の売上高（建設業は完成工事高・売上高）に基づいて算出
補償内容	●賠償責任の補償 PL、リコール、情報漏えい、サイバー、施設、業務遂行、受託物 ●事業休業の補償 火災、落雷、爆発、食中毒、風災、水災、雪災など、地震 ●財産の補償 建物、屋外設備・装置、設備・什器等、商品・製品等 ●工事の補償 建設工事、組立工事、土木工事 ※引受保険会社によって異なります。

※詳細に関しては、最寄りの商工会または商工会議所に確認のこと

7章

資金繰りに困ったら どうしたらいい？

融資相談の前にこれを準備しておこう

健人「今はまだ資金繰りに困ってはいませんが、今後、売上高が落ちて運転資金が足りなくなったときのために教えてください。困ってから金融機関に行くのは不安です」

社長「いい心がけだね！　金融機関を直接訪問するのもいいと思うけど、経営指導員にまず相談してみるのもいいと思うよ」

健人「経営指導員の方を訪問するときには、何か持って行ったほうがいいですか？」

社長「決算書、試算表、借入金があるときは融資条件（融資金額、返済方法、利率等）が記載された書類と、可能であれば『資金繰り表』を持って行くといいね」

健人「資金繰り表って何ですか？」

社長「簡単に言うと、資金が将来どうなるかを予測した表だよ。作成には少しコツが必要だから、経営指導員に教えてもらうといいよ。

資金繰り表を毎月作成しておくと、資金不足が早いタイミングでわかるし、逆に将来的に資金に余裕が出てきそうな場合は、余裕資金を再投資するなど、より資本効率の高い経営を行なうことが可能になるよ」

融資相談に行くときの注意点

融資相談に行くときには、融資希望額、融資実行希望日、資金使途、返済期間を事前に決めておきましょう。

【融資希望額、融資実行希望日は決まっているか？】

資金繰りを安定させるためにどのくらいの融資が必要か、希望額を決めておく必要があります。

経営状況によっては希望額の全額は融資してもらえないかもしれませんが、相談に行くときには、いくら必要かをはっきりさせておくことが重要です。

設備資金の場合は、あらかじめ見積書をもらっておくといいでしょう。

また、いつまでに融資を実行してほしいのか、希望を決めておきましょう。

融資実行希望日を初期段階で決めておくと、それに間に合うように経営指導員も努力してくれます。

融資の相談時に持参したほうがいい書類

●申告書、決算書（直近2期分）

●試算表（直近3ヶ月分）

●借入があるときは、融資条件が記載された書類※

●資金繰り表（作成することができる場合。170〜171ページ参照）

※「借入金明細表」（次ページ）の書式を作成して持参すると、経営指導員もわかりやすい

【資金使途は明確か？】

融資として借入を申し込むことができるのは、商売に使うお金（**※運転資金、設備資金**）です。生活費や自家用車の購入資金などに使用することはできません。

※運転資金……仕入資金、買掛金などの決済資金、諸経費支払資金などが対象です。

設備資金……機械の購入、店舗や工場の増築・改築・新築などが対象です。

【返済計画は大丈夫か？】

返済は、運転資金なら短期、設備資金なら長期になることが多いですが、返済計画、返済財源が確保できていることも重要です。

ならびに、設備資金では採算が合っているかも大事です。

借入金明細表のサンプル

借入金明細表

企業名＿＿＿＿＿＿＿＿＿＿　　　　平成　年　月　日現在

金融機関名		支店名	借入日	資金使途	借入額	残高	毎月返済額		金利	担保等条件			
							日	元金		保証協会	担保	保証人	その他
1					千円	千円		千円	(%)				
2													
3													
4													
5													
6													
7													
8													
9													
10													
合計		―		―			―		―	―	―	―	―

※日本政策金融公庫ホームページより

【手順1】

確定分・過去の実績・季節性等を考慮し、「予想売上高」「予想仕入・外注費」を月次で記入します。


【手順2】
①期首残高欄に記入した「受取手形」「売掛金」の回収予定金額及び②それ以降の「予想売上高」に対する予想回収金額を月次で記入します。

【手順3】
①期首残高欄に記入した「支払手形」「買掛金」の支払予定金額及び②それ以降の「予想仕入・外注費」に対する予想支払金額を月次で記入します。

【手順4】

それぞれの予定金額を月次で記入します。


【手順5】

それぞれの予定金額を月次で記入します。


【手順8】

各月で資金不足が発生する場合（「翌月繰越現金・当座預金」欄がマイナスの場合）は、資金不足を補てんするための資金調達手段を検討し、調達予定月に金額を記入します。


【手順6】

「返済予定表」等から予定金額を月次で記入します。新規調達予定分も忘れずに記入します。


【手順7】

期首は、「決算書」「試算表」「総勘定元帳」等を確認して、期首残高を記入します。

それ以降は、記入結果に基づいて自動計算されます。

資金繰り表（作成手順及び記載例）

（自平成　年　月 至平成　年　月）

（単位：百万円）

				期首	年　月	年　月	年　月	年　月	年　月	年　月	合計
売上高					334.0	255.0	234.0	222.0	261.0	275.0	1,581.0
仕入・外注費					157.0	120.0	110.0	104.0	123.0	129.0	743.0
前期繰越現金・当座預金（A）					61.0	111.9	148.4	78.2	20.4	49.0	
経常収支	収入	売上代金	現金売上								0.0
			売掛金現金回収		239.2	280.6	214.2	196.6	186.5	219.2	1,336.3
			（手形回収）		*(59.8)*	*(70.1)*	*(53.6)*	*(48.1)*	*(46.6)*	*(54.8)*	*(333.0)*
			手形期日落		55.0	51.0	53.0	59.8	70.1	53.6	342.5
			手形割引								0.0
			（割引手形落込）								*(0.0)*
											0.0
		その他収入			4.0	4.0	4.0	4.0	4.0	4.0	24.0
		収入合計（B）			298.2	335.6	271.2	260.4	260.6	276.8	1,702.8
	支出	仕入・外注費	現金仕入								0.0
			買掛金現金支払		31.0	33.0	25.2	23.1	21.8	25.8	159.9
			（手形支払）		*(124.0)*	*(131.9)*	*(100.8)*	*(92.4)*	*(87.4)*	*(103.3)*	*(639.8)*
			手形決済		89.0	87.0	92.0	124.0	131.9	100.8	624.7
											0.0
		賃金給与			61.0	61.0	61.0	61.0	61.0	61.0	366.0
		その他経費			104.1	85.9	81.1	78.3	87.3	90.5	[illegible]
		支払利息・割引料			7.2	7.2	7.1	6.8	7.0	7.0	42.3
		支出合計（C）			292.3	274.1	266.4	293.2	309.0	285.1	1,720.1
	差引過不足（D=B−C）				5.9	61.5	4.8	-32.8	-48.4	-8.3	-17.3
経常外収支	収入	固定資産等売却収入									0.0
											0.0
		収入合計（E）			0.0	0.0	0.0	0.0	0.0	0.0	0.0
	支出	税金・役員賞与配当									0.0
		固定資産等購入支払（除く支手）									0.0
		（固定資産等手形支払）			*(200.0)*						*(200.0)*
		固定資産等購入支払手形決済						200.0			200.0
		支出合計（F）			0.0	0.0	0.0	200.0	0.0	0.0	200.0
	差引過不足（G=E−F）				0.0	0.0	0.0	-200.0	0.0	0.0	-200.0
財務収支	収入	長期借入金調達						200.0			200.0
		短期借入金調達			70.0				100.0	50.0	220.0
		固定性預金取り崩し									0.0
		増資									0.0
		収入合計（H）			70.0	0.0	0.0	200.0	100.0	50.0	420.0
	支出	長期借入金返済			25.0	25.0	25.0	25.0	23.0	23.0	146.0
		短期借入金返済					50.0			50.0	[illegible]
		固定性預金預け入れ									0.0
		支出合計（I）			25.0	25.0	75.0	25.0	23.0	73.0	246.0
	差引過不足（J=H−I）				45.0	-25.0	-75.0	175.0	77.0	-23.0	174.0
翌月繰越現金・当座預金（A+D+G+J）				61.0	111.9	148.4	78.2	20.4	49.0	17.7	
残高	売掛金			299.0	334.0	238.3	204.5	181.8	209.7	210.7	
	受取手形			159.0	163.8	182.9	183.5	171.8	148.3	149.5	
	買掛金			155.0	157.0	112.1	96.1	84.6	98.4	98.3	
	支払手形			268.0	303.0	347.9	356.7	325.1	280.6	283.1	
	設備支手等営業外手形			0.0	200.0	200.0	200.0	0.0	0.0	0.0	
	短期借入金			822.0	892.0	892.0	842.0	842.0	942.0	942.0	
	長期借入金			1,633.0	1,608.0	1,583.0	1,558.0	1,733.0	1,710.0	1,687.0	
	割引手形			0.0	0.0	0.0	0.0	0.0	0.0	0.0	

設備投資をすることで、どのような効果があるか（売上高が上がる、作業の効率化を図ることができる、新製品や新商品が開発できる等）を、きちんと説明できるようにしておきましょう。

重要なことは、時間に余裕を持って早めに相談に行くことです。

そのためには、毎月、資金繰り表を作成して自社の資金の予測をしておき、いつごろに資金ショートが起きそうかを把握しておきましょう。

資金繰り表の作成手順および記載例を前ページに掲載しました。

日本政策金融公庫のホームページからデータを無料でダウンロードできるので、ぜひ作成してみてください。

「マル経融資」を活用しよう

社長「健人君、『マル経融資』って知っているかい？」
健人「マルケイユウシ……って何ですか？」
社長「正式名称は小規模事業者経営改善資金融資制度と言って、無担保、無保証人、低金利で融資を受けられる制度だよ」
健人「夢のような融資条件ですね！　僕でも利用できるのかな？」
社長「もちろん一定の要件があるよ。もし融資が必要になったときは、健人君なら大丈夫だと思うから、そのときは早めに経営指導員に聞いてみるといいよ」

マル経融資（小規模事業者経営改善資金融資制度）とは、経営改善を図ろうとする小規模事業者の経営を経営指導・金融の両面から支援するために、商工会や商工会議所の推薦に基づき、「無担保」「無保証人」「低金利」で融資する日本政策金融公庫の公的融資制度です。

融資対象者

以下のすべての要件を満たす方

●常時使用する従業員が商業・サービス業（宿泊業と娯楽業を除く）の場合は5人以下、製造業その他の場合は20人以下の法人・個人事業主

●商工会や商工会議所の経営指導員による経営指導を6ヶ月以上受けている

●最近1年以上、同一の商工会や商工会議所の地域内で事業を営んでいる

●所得税、法人税、事業税、住民税を完納している

●商工業者であり、かつ日本政策金融公庫の融資対象業種を営んでいる

※商工会や商工会議所によって多少異なる

どんなことに利用できるの？

運転資金	設備資金
商品の仕入に ●店舗を広げたので商品を充実させたい ●在庫補充をしておきたい ●取扱商品を新しいものに切り替えたい **資金繰りに** ●買掛金や手形の決済資金がほしい ●ボーナスの支払資金がほしい …etc.	**工場、店舗などの設備に** ●工場、店舗の増改築 または店舗の改装をしたい ●従業員宿舎や厚生施設を新設したい **機械、車両などの買い入れに** ●人手不足を補うために高性能の機械を購入したい ●機動力を増やすために車両を購入したい …etc.

特色・メリット

●返済は元金均等月賦返済（残債方式で、利息は毎月減額）

●信用保証協会やその他保証会社による保証も不要

●融資限度額の範囲内でマル経の借り換えや重複の利用も可能

融資条件

資金使途	運転資金	設備資金
融資額	2,000万円以内	
返済期間（据置措置）	7年以内（1年以内）	10年以内（2年以内）
利率	年1.11％（2018年4月11日現在）	
担保・保証人	不要 （信用保証協会の保証も不要）	

※利率は金融情勢により変わることがある
※1,500万円を超える融資には事業計画書の策定が必要

申込時の必要書類

個人事業主	法人
●借入推薦依頼書（所定用紙） ●前年・前々年の青色決算書および確定申告書の控え ●現在の借入金の返済一覧表 ●見積書、カタログ等（設備資金の場合）	
●所得税、事業税、住民税の領収書または納税証明書	●法人税、事業税、住民税の領収書または納税証明書 ●法人の登記簿謄本 ●決算後6ヶ月以上経過の場合は直近の試算表

※その他、追加書類が必要な場合もある

融資利用の流れ

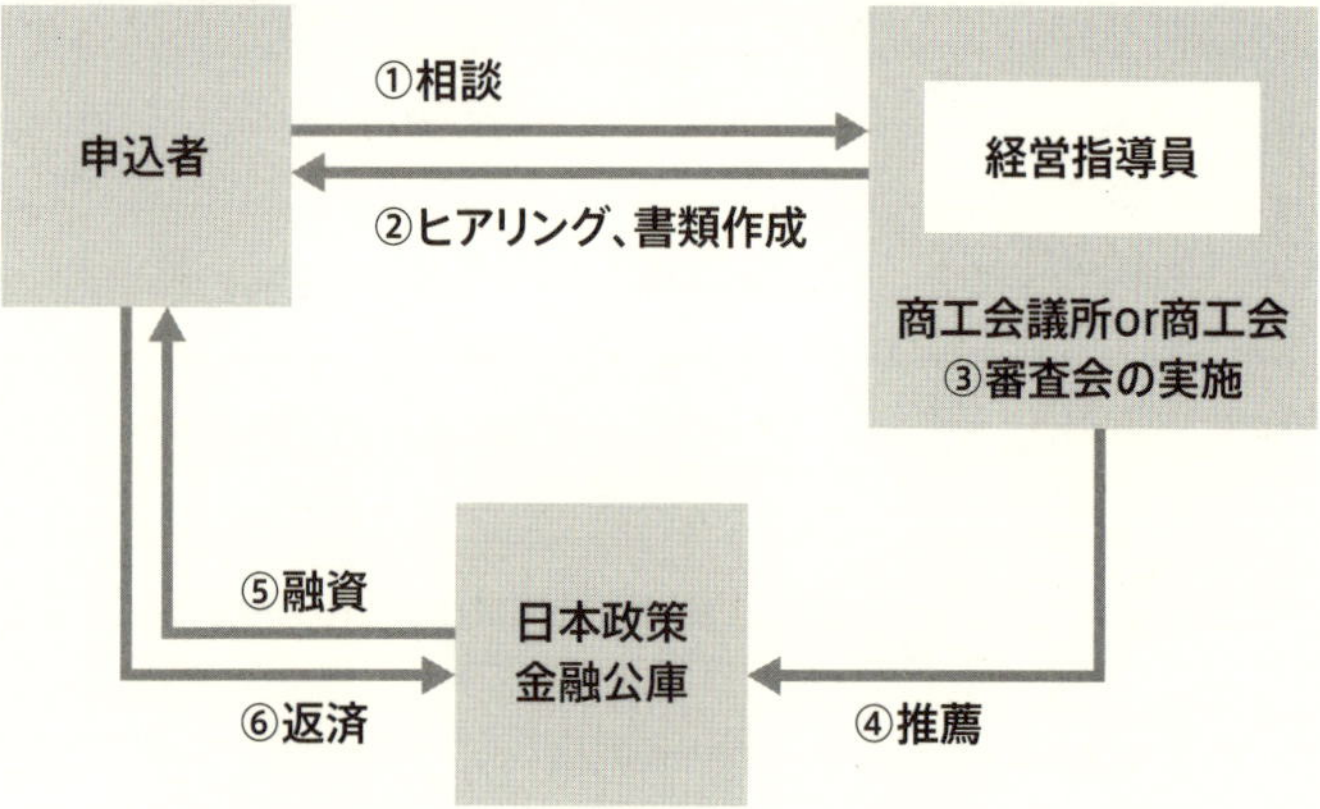

マル経融資利用の流れ

①最寄りの商工会・商工会議所に相談
②経営指導員がヒアリングを実施
経営内容などについて、その内容をもとに審査会用の書類を作成
③マル経審査会（月に1回程度開催）にて審議
④日本政策金融公庫に推薦
⑤融資実行
⑥返済

無担保、無保証人、低利率の有利な制度ですが、相談から融資実行までに1ヶ月程度はかかるので、利用する場合は早めに相談したほうがいいでしょう。

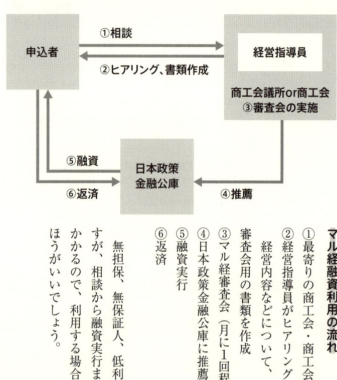

自治体の「制度融資」をうまく活用しよう！

自治体は複数の融資制度を設けている

各自治体では、自治体による融資制度**（制度融資）**があります。制度融資は、都道府県や各市町村などの自治体、信用保証協会（39ページ参照）、金融機関が連携して、中小企業の資金調達の円滑化を図る制度です。商工会や商工会議所、自治体などが窓口となっています。

制度融資は、信用保証協会が融資の保証人となり、さらに地方自治体が金融機関に対して融資の資金を預託し、保証料や金利の一部を負担したりしています。したがって制度融資は**「信用保証協会付き融資」**とも呼ばれています。

多くの自治体が複数の融資制度を設けており、融資限度額、利率、使途、返済期間などの条件は各自治体により異なるため、最寄りの商工会や商工会議所で相談するといいでしょう。融資に関する情報は、自治体のホームページを検索すれば掲載されています。

自治体、金融機関、信用保証協会の審査を通過して、制度融資を受けることが決まると、中小企業・小規模事業者の信用保証委託に応じる対価として**信用保証料**（※）を信用保証協会に支払います。これは金融機関に支払う利息（金利）とは別のもので、通常は融資の実行時に、融資を行なう金融機関を経由して信用保証協会に支払います。

信用保証料は必要ですが、公的融資のため長期・低金利で借りられるので、日本政策金融公庫と同様に活用しやすい制度です。

※**信用保証料**は、貸付金額、信用保証料率、保証期間、分割係数によって決まります。なお、信用保証料は、信用保証制度を運用するうえで必要な費用に充当されています。

【制度融資に共通する一般的な条件】

・中小企業基本法に定める中小企業者（106ページ表参照）であり、信用保証協会の保証対象業種の事業であること

・融資を受ける地方自治体の地域内で一定期間事業を営んでいること

・税金を納付していること（滞納がない）

・許認可が必要な業種の場合には、その許認可を受けていること

「制度融資」のメリット

●金利が低い
●長期返済が基本のため、ゆとりを持って返済できる
●据置期間が長い
●金利の一部を負担してくれる自治体もある（利子補給制度）
●信用保証料の全部または一部を助成してくれる自治体もある（信用保証料補給制度）
●原則として、法人は代表者の連帯保証だけで、第三者保証人は不要※
●日本政策金融公庫、民間金融機関の一般融資の併用により、借入枠の拡大が図れる

注意点・デメリット

●自治体・金融機関・信用保証協会それぞれが受付手続きと審査をするため、プロパー融資（信用保証協会の保証を付けずに、直接金融機関との信用で融資を受けること）と比較すると時間がかかる。したがって、緊急を要する事業資金調達には向いていない
●融資を実行をする金融機関が融資をするには、信用保証協会の承諾（保証可の承諾）をとることが条件になる

※信用保証協会が金融機関の融資について保証をするとともに、債務者（借主）が返済不能となった場合、「代位弁済」を行なう。「代位弁済」とは、金融機関から信用保証協会の保証付きで借りた融資を返済できない場合には、信用保証協会が債務者（借主）に代わって金融機関に対し弁済を行なうこと。
しかし、これにより債務がなくなるわけではなく、債権者（貸主）が金融機関から信用保証協会に変わるだけなので、債務者は信用保証協会に対して引き続き弁済を行なう必要がある。

東京都の「制度融資」の一例

産業力強化融資(チャレンジ)

資金使途	運転資金	設備資金
融資限度額	1億円	
返済期間(据置措置)	10年以内(2年以内)	
利率	固定金利:1.7%以内~2.2%以内※ 固定金利:1.5%以内~2.0%以内 (責任共有制度対象外となる場合の金利)	
保証人	原則として法人代表者を除き、連帯保証人は不要	
担保	新規の保証を含めた保証の合計額が8,000万円超の場合は原則必要	

※経営革革新計画に係る実施フォローアップを受けた場合、または商工団体等によるBCPの策定・実施に係る支援を受けた場合は、0.2%の金利を優遇

経営支援融資(経営セーフ)

資金使途	運転資金	設備資金
融資限度額	2億8,000万円	
返済期間(据置措置)	10年以内(2年以内)	
利率	固定金利:1.7%以内~2.2%以内 固定金利:1.5%以内~2.0%以内 (責任共有制度対象外となる場合の金利)	
保証人	原則として法人代表者を除き、連帯保証人は不要	
担保	新規の保証を含めた保証の合計額が8,000万円超の場合は原則必要	
信用保証料補助	小規模企業:1/2	

会員企業向け提携融資制度を活用する

健人「社長のおかげで融資のことについては随分、理解できてきました。日本政策金融公庫のホームページからデータをダウンロードして予習をしてから、経営指導員の方に資金繰り表の作成の仕方を教えてもらいました」

社長「資金繰り表の作成はむずかしかったかな?」

健人「今までまったく知らなかったので、初めはむずかしく感じました。でも経営指導員の方に教えていただいて理屈がわかると、僕でも理解できました」

社長「よかったね。あとは毎月きちんと資金繰り表を作成できるかどうかが課題だね」

健人「そうですね。がんばります。

ところで融資の種類には、民間の金融機関から直接借りる以外に、マル経融資や制度融資などがあることはわかりましたが、そのほかにはないのですか?」

社長「実は、商工会や商工会議所の会員事業者向けの独自の融資制度もあるんだよ」

健人「商工会や商工会議所は、経営の相談以外に会員事業者のための融資制度もつくってくれているんですか！」

短期間の審査で融資を受けられる

商工会や商工会議所には、会員事業者向けの独自の融資制度があります。

この融資制度は、制度融資などより審査が短期間であることに加えて、会員事業者向けに優遇された条件（優遇の内容および融資の条件は、金融機関によって異なる）で融資を受けることができます。

ただし、融資にあたっては金融機関の審査があるため、審査結果により融資を利用できない場合があるので注意してください。

事業資金調達の有効な選択肢のひとつとして覚えておくといいでしょう。

【商工会会員向け提携ローン】

全国商工会連合会と民間金融機関との提携により、商工会員が金利優遇などを受けることができる制度です。

申込みは最寄りの商工会でできるので相談してみてください。

商工会会員向け提携ローンの各社比較表

提携会社	三菱UFJ銀行	オリックス・クレジット
提携商品	融活力	ORIX CLUB CARD
対象者	下記事項にすべて該当する法人 ●商工会会員であること ●業歴2年以上 ●債務超過でないこと ●税金に未納がないこと	●原則、商工会会員であること ●20～69歳までの方で、以下のいずれかに該当する方 ・業歴1年以上の個人事業主 ・法人格を有する事業の代表者
貸出形態	証書貸出	カードローン（ATM現金払い出し可）
融資額	500万～5,000万円 （事業資金のみ）	50万～500万円（事業資金のみ）
商工会員優遇制度	通常金利 年2.35%から0.25%優遇 取扱手数料（通常10,500円）無料	通常金利 年6.0～17.8%から0.5%優遇
融資利率（優遇後）	年2.1～9.0%（変動金利）	年5.5～17.3% （金融情勢等による変更あり）
保証料	なし	なし
遅延損害金	年14%	年19.9%以下
返済方法	1ヶ月から5年までの 元金均等返済	新残高スライドリボルビング返済方式※1 元利込定額リボルビング返済方式※2
手数料	無料	無料（繰上げ返済手数料無料）
担保	原則無担保・第三者保証不要 （代表取締役の連帯保証が必要）	無担保
保証人	代表取締役の連帯保証	法人契約の場合、代表取締役の連帯保証
回答日	原則5営業日内	原則1～3営業日内
面談	要	不要
提出書類	●決算書2期分 ●本人確認資料	●本人確認資料 ●収入証明（個人事業主の場合は確定申告書）（法人契約の場合は商業登記簿謄本、また必要に応じ決算書2期分）
商工会会員の確認	商工会が証明書発行	不要

※1 利用のつど、利用残高に応じて返済額が変動する方式
※2 利用残高にかかわらず、毎月一定額を返済する方式

「会員特別融資制度」手続きの流れ

①会員証明書の発行を依頼

②会員証明書の発行

③融資の申込み(会員証明書と必要書類を提出)

④金融機関にて審査のうえ、融資実行の可否が決定

【会員特別融資制度】

会員特別融資制度は、商工会議所と協力金融機関の提携により実施しており、提携金融機関から優遇された条件で融資を受けることができます。

申込みのための条件は以下のとおりです。

・取扱商工会議所の会員である
・会費を納入している
・その他連携する金融機関ごとに定める条件に合致すること

金融商品の種類は各都道府県、および同じ都道府県内でも金融機関ごとに異なるので、最寄りの商工会議所で相談してください。

8章

補助金をうまく活用しよう

補助金の性格と補助金活用の注意点とは？

健人「社長に言われたとおり、日頃から経営に役立つ情報がないかアンテナを張っていると、補助金のことがよく目に入ってきます。

補助金とはお金がもらえることですよね？　それならば、補助金申請をしてみようかなと思うんですが……」

社長「日頃から経営情報にアンテナを張っているのは素晴らしいことだね。でも、お金がもらえるという理由で、補助金を申請しようとしているのかな？　健人君がやりたいと思っていることは、それに必要な経費を全額自己負担してでもやりたいことなのかい？」

健人「全額、自己負担……そこまで深くは考えていませんでした」

社長「確かにお金がもらえるのはうれしいけど、やろうとしていることが本当に経営に必要なことなのか考えることが重要だよ。

それを冷静に考えることが、上手に補助金を活用する第一歩だと思うよ」

補助金とはどういった性格のものか？

補助金とは、主に経済産業省等の官公庁や都道府県、市区町村で取り扱っている**公募制の企業支援金**のことであり、特徴は以下のとおりです（詳細は2章「起業にチャレンジ！」の「創業時に使える補助金・助成金を活用する」に記載しています）。

・補助対象となる経費、補助割合、補助上限額が定められている
・受付期間が決まっているものもある
・予算に限りがあるため、採択されない可能性がある
・実績報告および検査が必要であり、原則、精算払い（後払い）である
・借入金と異なり、返済する必要はない
・取得設備等は補助事業が完了し、補助金の支払を受けた後であっても、一定の期間において処分（補助事業目的外での使用、譲渡、担保提供、廃棄等）が制限される

近年、補助金のメニューが増加傾向にあるとともに、小規模事業者に特化した補助金がつくられるなど、企業にとって活用しやすくなっています。補助金をうまく活用すれば、「新しいことにチャレンジできる」「資金繰りが楽になる」などのメリットがあります。ですから補助金は、有効かつ効率的に経営を実施していくうえで必要な要素になります。

本当にその補助金で効果があるのか？

ただし、補助金を活用する際には注意することがあります。それは、目的と手段を間違えないことです。本来は事業を通して稼ぐことが「目的」で、補助金はあくまで事業遂行の「手段」ですが、補助金を獲得することが「目的」になってしまう人がいます。募集している補助金でできることを考えてしまうと本末転倒です。

同時に、「補助金でやろうとしていることが本当に必要なことか」「費用対効果はあるのか」を考えることが重要です。例えば、買物に行って50％引の商品があったとします。とくに生活に必要ではないのに半額なので思わず購入した結果、お金が足りなくなり、生活に困ってしまった……。このような行動を、どう思うでしょうか？

しかし、これが補助金の申請となると、誤った選択をしてしまう人がいるのです。補助率が1／2だからといって申請するのではなく、本当に経営に必要なのか、自己資金で支払う1／2部分以上の効果が得られるのか、をしっかりと考えることが重要です。

補助事業をしたことによって経営（とくに資金繰り）が苦しくなってしまっては大変です。補助金は原則として後払い（精算払い）であるため、実績報告をして検査を受けなければお金を受け取ることはできません。補助金を活用することによって経営がどのようになるか、しっかりと熟考してから申請することでよい結果につながるでしょう。

補助金申請の主な流れ

相談　最寄りの商工会·商工会議所に相談
取組内容をヒアリング、申請書の骨子を決定

▼

申請　審査のポイントを押さえながら申請書を作成

▼

審査　申請書を基に審査委員会で審査

▼

採択　選定結果通知の受け取り

▼

実施　補助対象事業を実施

▼

報告　実績報告書の作成、検査、補助金額の決定

▼

入金　補助金の受け取り

- 事業が補助対象となるかについての確認、補助対象になる経費とならない経費の確認をする
- 補助金の交付決定前に事業を実施した場合は、補助金の交付を受けることができないので注意が必要
- 補助金の対象となる経費については、領収書等の証拠書類をすべて保管しておく必要がある
- 補助金の交付後も一定期間、定期的に事業の状況報告が必要となる

補助対象の広い小規模事業者持続化補助金とは？

健人「定期的に配布されている会報に、『小規模事業者持続化補助金の公募が始まりました』と掲載されていたので応募しようと思っています」
社長「いわゆる持続化補助金のことだね。これまで小規模事業者はあまりクローズアップされなかったけれど、そこに光があてられたという意味で画期的な補助金だよ」
健人「そうなんですね。他の補助金と比較すると上限額がかなり少額なので、事業計画も簡単なものでいいんですか？」
社長「補助金の金額と事業計画の精緻さは、比例関係にあるとは言えないよ。企業がどのようなことをしようとしているのか、実現可能性は高いのか、取り組むことで業績が上がるか等について、審査員を納得させる根拠をきちんと示して申請することが重要だよ」
健人「そうですね。補助金額によって事業計画の精度が変わるとしたら変ですよね。補助金の有無や金額の多寡に関係なく、きちんとした事業計画を作成します！」

小規模企業は活用しやすいが事前準備が必要

平成26年に国は小規模企業の支援を強化するために、**「小規模企業振興基本法（小規模基本法）」**および**「商工会及び商工会議所による小規模事業者の支援に関する法律の一部を改正する法律（小規模支援法）」**を制定しました。

売上、利益、雇用等の事業規模を拡大できなくても、下りのエスカレーター状態の地域で、地域に必要な商品・サービスを供給し、雇用を維持してがんばる小規模企業に真正面から光をあて、支援することを決めたのです。

小規模事業者持続化補助金は、小規模事業者の事業の成長発展のみならず、持続的発展を後押しするために、小規模事業者が商工会や商工会議所の支援を受けて経営計画を作成し、その計画に沿って取り組む販路開拓等を支援するものです。とくに事業承継に向けた取組、生産性向上に向けた取組を実施する事業者を重点的に支援します。

補助対象となる取組の範囲や補助対象経費も非常に広く、活用しやすい補助金です。

本補助金は、商工会や商工会議所の支援を受けながら企業が自ら申請書を作成する必要があること、ならびに公募期間が約2ヶ月と短いため、公募期間前から経営指導員に相談をしておくことが重要です。

補助対象者

小規模事業者［商工会及び商工会議所による小規模事業者の支援に関する法律（平成 5 年法律第 51 号）第 2 条を準用］

業種	常時使用する従業員数
卸売業・小売業	5人以下
サービス業（宿泊業・娯楽業以外）	5人以下
サービス業のうち宿泊業・娯楽業	20人以下
製造業その他	20人以下

補助対象となる事業

経営計画に基づき、商工会や商工会議所の支援を受けながら実施する、地道な販路開拓等のための取組。あるいは販路開拓等と合わせて行なう業務効率化（生産性向上）のための取組

補助率等

補助率	補助対象経費の 2/3 以内
補助額	補助上限額 50 万円 ただし、 (1) ①従業員の賃金を引き上げる取組 ②買物弱者対策に取り組む事業 ③海外展開に取り組む事業については補助上限額 100 万円 ※上記①～③は、複数選択できない (2) 複数の小規模事業者が連携して取り組む共同事業の場合は、補助上限額が「1 事業者あたりの補助上限額」× 連携小規模事業者数の金額となる（ただし、補助上限額 500 万円） (3) 上記 (1) と (2) の併用は可能（その場合でも、補助上限額は 500 万円）

補助対象経費

経費区分	内容
①機械装置等費	事業の遂行に必要な機械装置等の購入に要する経費
②広報費	パンフレット・ポスター・チラシ等を作成するため、および広報媒体等を活用するために支払われる経費
③展示会等出展費	新商品等を展示会等に出展または商談会に参加するために要する経費
④旅費	事業の遂行に必要な情報収集(単なる視察・セミナー研修等参加は除く)や各種調査を行なうため、および販路開拓(展示会等の会場との往復を含む)等のための旅費
⑤開発費	新商品の試作品や包装パッケージの試作開発にともなう原材料、設計、デザイン、製造、改良、加工するために支払われる経費
⑥資料購入費	事業遂行に必要不可欠な図書等を購入するために支払われる経費
⑦雑役務費	事業遂行に必要な業務・事務を補助するために補助事業期間中に臨時的に雇い入れた者のアルバイト代、派遣労働者の派遣料、交通費として支払われる経費
⑧借料	事業遂行に直接必要な機器・設備等のリース料・レンタル料として支払われる経費
⑨専門家謝金	事業の遂行に必要な指導・助言を受けるために依頼した専門家等に謝礼として支払われる経費
⑩専門家旅費	事業の遂行に必要な指導・助言等を依頼した専門家等に支払われる旅費
⑪車両購入費	買物弱者対策に取り組む事業で、買物弱者の居住する地区で移動販売、宅配事業等をするための手段として必要不可欠な車両の購入に必要な経費
⑫設備処分費	販路開拓の取組を行なうための作業スペースを拡大する等の目的で、当該事業者自身が所有する死蔵の設備機器等を廃棄・処分する、または借りていた設備機器等を返却する際に修理・原状回復に必要な経費
⑬委託費	①から⑫に該当しない経費であって、事業遂行に必要な業務の一部を第三者に委託(委任)するために支払われる経費(市場調査等についてコンサルタント会社を活用する等、自ら実行することが困難な業務に限る)
⑭外注費	①から⑬に該当しない経費であって、事業遂行に必要な業務の一部を第三者に外注(請負)するために支払われる経費(店舗の改装等、自ら実行することが困難な業務に限る)

IT導入補助金で生産性の向上を図る

IT導入補助金とは、中小企業・小規模事業者等がITツールを導入する経費の一部を補助することにより、生産性の向上を図ることを目的とした補助金です。

【補助対象者】

次のすべての要件に該当する者に限ります。

（1）生産性の向上に資するITツールを導入する中小企業・小規模事業者等（「中小企業等経営強化法」第2条第1項に規定）であること。

ただし、次の①〜③のいずれかに該当する者は大企業と見なされ、補助対象者から除かれます。

①発行済株式の総数または出資価格の総額の2分の1以上を同一の大企業が所有している中小企業・小規模事業者等

②発行済株式の総数または出資価格の総額の3分の2以上を大企業が所有している中小企業・小規模事業者等

③大企業の役員または職員を兼ねている者が、役員総数の2分の1以上を占めている中小企業者

（2）日本国内で事業を行なう個人または法人であること。

（3）**風俗営業等の規制及び業務の適正化等に関する法律**第2条に規定する「風俗営業」「性風俗関連特殊営業」および「接客業務受託営業」を営む者でないもの。ただし、**旅館業法**（昭和23年法律第138号）第3条第1項に規定する許可を受け、旅館業を営むもの（風俗営業等の規制及び業務の適正化に関する法律〈昭和23年法律第122号〉第2条第6項に規定する店舗型性風俗特殊営業を営むものを除く）を除く。

（4）申請者（中小企業・小規模事業者等）またはその法人の役員が、暴力団等の反社会的勢力でないこと。反社会的勢力との関係を有しないこと。また、反社会的勢力から出資等資金提供を受けている場合も対象外とする。

（5）申請者（中小企業・小規模事業者等）の**労働生産性**（※**1**）について、補助事業を実施することによって3年後の伸び率1％以上、4年後の伸び率1.5％以上、5年後の伸び率2％以上、またはこれらと同等以上の生産性向上を目標とした計画を作成すること。原則

として、労働生産性の向上を目標とした計画および導入するITツールによる生産性向上指数に類する**独自の数値目標**（**※2**）を作成すること。

※1　労働生産性とは、粗利益（売上げ－原価）／（従業員数×1人あたり勤務時間〈年平均〉）により算出された値を言います。

※2　独自の数値目標例：従業員あたりの顧客数、従業員あたりの外国人客数、営業員あたりの取引業者数、営業員あたりの取引品目数、従業員あたりの診療報酬点数等、従業員あたりの製造量または生産量、時間あたりの顧客数（配送数・接客数等）等。

（6）「独立行政法人　情報処理推進機構（以下、ＩＰＡ）」が実施する「SECURITY ACTION」の「★1つ星」または「★★2つ星」いずれかの宣言を行なうこと。また宣言内容の確認に際し、事務局が一部の交付申請情報をＩＰＡと共有することに同意すること。

（7）補助金交付申請内容については、「ＩＴ導入支援事業者を含む第三者による総括的な確認」を受けること。

（8）ＩＴ導入支援事業者を通じて、生産性向上に係る情報（売上、原価、従業員数および就業時間）等を事務局に報告すること。

（9）補助事業に係るすべての情報について、事務局から国に報告された後、統計的な処理等をされて匿名性を確保しつつ、公表される場合があることについて同意すること。

（10）経済産業省から補助金等指定停止措置、または指名停止措置が講じられていない者であること。

（11）本事業における**「IT導入支援事業者（※3）」**に登録されていない者であること（昨年度の事業においてのみ登録されている場合は、この限りではない）。

※3「IT導入支援事業者」とは、ITツールの説明、導入、運用方法の相談、交付申請、実績報告等を補助事業者と共同で作成し、代理で申請を行なう事業者のことです。

事務局等による審査の結果、採択された事業者であり、IT導入支援事業者が提供するITツールのみが補助対象となります。IT導入補助金のホームページを開き、「中小企業・小規模事業者のみなさま」というタブをクリックすると検索できます。

【申請単位】

中小企業・小規模事業者等（1法人・1個人事業主）あたり、1申請のみです。

【申請回数】

1次公募で不採択となった場合でも、2次公募以降の公募に申請することは可能です。また事業計画の見直し等のために自主的に取り下げた申請については、公募期間内であれば、再申請が可能です。

補助対象経費

ソフトウェア製品 クラウドサービス	①ソフトウェア、クラウドサービス
オプション	②機能拡張／データ連携ソフト ③HP 利用料 ④アカウント ID 追加／クラウド年間利用料追加
役務	⑤保守・サポート費（最大1年分） ⑥導入設定、業務コンサル、マニュアル作成、導入研修 ⑦セキュリティ対策

- 上記すべての経費において、導入日から１年間の費用のみが補助対象
- 導入日とは、納品書や導入完了通知に記載の納品日を起点とする
- 導入日については事業実施期間内に開始している必要がある
- 1年未満でＩＴツールの利用を停止した場合、交付を受けた補助金の返還を求められる場合がある

【補助対象経費】

ＩＴ導入支援事業者により、あらかじめ「サービス等生産性向上ＩＴ導入支援事業事務局」に登録され、当該事務局のＨＰに補助対象サービスとして公開されたＩＴツール（ソフトウェア、クラウド利用費、導入関連経費等）が対象です。

補助事業者はＩＴ導入支援事業者と相談して、生産性向上に寄与する適切なＩＴツールを選択し、申請する必要があります。

交付申請においては、ＩＴツールを（ひとつまたは複数）導入することで、フロント業務、ミドル業務およびバックオフィス業務のうちから、２つ以上の機能を持つことが必要条件です。

【補助率等】

補助率	1／2以内
補助金額	上限：50万円・下限額：15万円

【加点項目】

・**生産性向上特別措置法**に基づく特例措置に関して、固定資産税の特例率をゼロとする意向を表明した自治体に所属していること（先端設備等導入計画の認定は不要）。

・**地域未来投資促進法**の地域経済牽引事業計画の承認を取得していること。

・経済産業省が選定する**「地域未来牽引企業」**であること。

・**「おもてなし規格認証２０１８」**を取得していること。ただし、２０１７年に金、紺、紫認証を取得し、当該認証が有効である場合は不要。
「おもてなし規格認証２０１８」については、認証ランクは問わない。

ものづくり補助金を活用しよう

【ものづくり・商業・サービス経営力向上支援補助金】

ものづくり補助金の目的

ものづくり補助金とは、足腰の強い経済を構築するため、日本経済の屋台骨である中小企業・小規模事業者が取り組む、生産性向上に資する革新的サービス開発・試作品開発・生産プロセスの改善を行なうための、設備投資等の一部を支援する補助金です。

【補助対象者】

対象者は、日本国内に本社および実施場所を有する中小企業者に限られます。「ものづくり技術」で申請する場合は、**「中小企業のものづくり基盤技術の高度化に関する法律」**に規定される者、「革新的サービス」で申請する場合は、**「中小企業等経営強化法」**に規定される者を指します。

【補助対象事業】

「革新的サービス」「ものづくり技術」の２つの対象類型に、それぞれ「企業間データ活用型」「一般型」「小規模型（設備投資のみ、試作開発等）」の事業類型があります。

・企業間データ活用型

複数の中小企業・小規模事業者が、事業者間でデータ・情報を活用（共有・共用）し、連携体全体として新たな付加価値の創造や生産性の向上を図るプロジェクトを支援します。

・一般型

中小企業・小規模事業者が行なう革新的なサービス開発・試作品開発・生産プロセスの改善に必要な設備投資等を支援します。

・小規模型（設備投資のみ、試作開発等）

中小企業・小規模事業者が小規模な額で行なう革新的サービス開発・生産プロセスの改善および試作品開発を支援します。

【補助対象要件】

・基本要件

どのように他社と差別化し、競争力を強化するかを明記した事業計画をつくり、その実効性を含め認定支援機関により確認されていること。

ものづくり技術		
	増額	備考
	生産性向上に資する専門家の活用がある場合は、補助上限額の30万円の増額が可能	連携体は幹事企業を含めて10者まで。1者あたり200万円が追加され、連携体参加者数を乗じて算出した額を上限に連携体内で配分可能
		生産性向上特別措置法(案)(平成30年通常国会提出)に基づき、固定資産税の特例率をゼロの措置をした市町村において、補助事業を実施する事業者が「先端設備等導入計画」の認定を取得した場合の補助率は2/3以内 3～5年で、「付加価値額」年率3%および「経常利益」年率1%に加え、「従業員1人あたりの付加価値額」(=「労働生産性」)年率3%を向上する中小企業等経営強化法に基づく経営革新計画を、平成29年12月22日の閣議決定後に新たに申請し、承認を受けた場合の補助率は2/3以内
		小規模企業者の補助率:2/3以内
		小規模企業者の補助率:2/3以内

「企業間データ活用型」は連携体参加の事業者それぞれが設備投資をする必要があります。

補助額・補助率・補助対象経費一覧

<table>
<tr><th colspan="2" rowspan="2">対象類型／事業類型</th><th colspan="4">革新的サービス</th></tr>
<tr><th>補助上限額</th><th>補助率</th><th>設備投資</th><th>補助対象経費</th></tr>
<tr><td colspan="2">企業間データ活用型</td><td>1,000万円</td><td>2/3以内</td><td>必要</td><td rowspan="3">機械装置費
技術導入費
専門家経費
運搬費
クラウド利用費</td></tr>
<tr><td colspan="2">一般型</td><td>1,000万円</td><td>1/2以内</td><td>必要</td></tr>
<tr><td rowspan="2">小規模型</td><td>設備投資のみ</td><td>500万円</td><td>1/2以内</td><td>必要</td></tr>
<tr><td>試作開発等</td><td>500万円</td><td>1/2以内</td><td>可能
(必須ではない)</td><td>機械装置費
技術導入費
専門家経費
運搬費、クラウド利用費
原材料費
外注加工費
委託費
知的財産権等関連経費</td></tr>
</table>

設備投資とは、もっぱら補助事業のために使用される機械・装置、工具・器具(測定工具・検査工具、電子計算機、デジタル複合機等)および専用ソフトウェアを取得するための経費のうち、補助対象経費で単価50万円(税抜き)以上を計上する場合を指します。

・革新的サービス

「中小サービス事業者の生産性向上のためのガイドライン」で示された方法で行なう革新的なサービスの創出・サービス提供のプロセスの改善で、3～5年で「付加価値額」年率3％かつ「経常利益」年率1％の向上を達成できる計画であること。

・ものづくり技術

「中小ものづくり高度化法」に基づく、特定ものづくり基盤技術を活用した革新的な試作品開発・生産プロセスの改善を行ない、3～5年計画で「付加価値額」年率3％および「経常利益」年率1％の向上を達成する計画であること。

【加点項目】

・**生産性向上特別措置法**に基づいた、固定資産税ゼロの特例を措置した自治体において、当該特例措置の対象となる先端設備等導入計画の認定企業

・有効な期間の経営革新計画の承認、経営力向上計画の認定、**地域未来投資促進法**の地域経済牽引事業計画の承認（いずれも申請中を含む）のいずれかを取得した企業

・総賃金の1％賃上げ等に取り組む企業

・小規模型に応募する小規模企業者

・九州北部豪雨の局地激甚災害指定を受けた市町村に所在し、被害を受けた企業

9章

ビジネスの拡大・事業承継……
経営者仲間を増やそう！

青年部・女性部・女性会で経営者仲間をつくる

会員事業者と交流を図る

全国の商工会や商工会議所には、会員事業者で構成される青年部や女性部、女性会があります。こうした組織に所属すれば、地域の同業種や異業種の人と広く知り合い、多くの仲間ができます。

地域内の交流だけでなく、各地方のブロック大会や全国大会もあるため、幅広く会員と交流を図ることができるので、ビジネスチャンスが広がる可能性もあります。

青年部や女性部、女性会では、様々な取組をしています。例えば、経営者としての心構え、教養および経営能力の向上や後継者の育成、勉強会の開催、仕事以外の分野の勉強、人前で話をすることなどを通じて自己研鑽ができるほか、地域貢献活動も積極的にしています。

とくに創業して間もない人は、地域の知り合いや情報などが入手しづらいでしょうから、ぜひこうした組織に入部されるとよいと思います。

なお、部員資格や年会費などに関しては、各商工会や商工会議所によって規程が異なります。

【商工会青年部（IMPULSE）】

商工会青年部は、商工会の事業を積極的に推進するとともに、経営者としての資質を向上させ、もって商工業の総合的な改善発達を図り、地域の振興や発展、社会一般の福祉の増進、新しいまちづくりに取り組んでいます。

商工会青年部は全国に1650部あり、約4万3000人の部員がいます。

・部員資格

商工会の会員たる商工業者（法人にあってはその役員）、またはその親族であり、かつその会員の営む事業に従事する満45歳以下の青年（男女）

・商工会青年部の主な事業

・研修活動
・調査研究活動
・広報および意見活動
・地域活動
・社会一般の福祉の増進に資する事業

・その他、商工会の目的を達成するために必要な事業

【商工会女性部】

商工会女性部は、商工会の事業を積極的に推進するとともに、地域の豊かな生活環境を築くため、女性の立場から自己の経営安定を図るとともに、地域商工業の進行発展のよき協力者となることを目的として活動しています。

商工会女性部は、全国に1629部あり、約9万5000人の部員がいます。

・部員資格

商工会の会員たる商工業者（法人にあってはその役員）、もしくはその配偶者または商工会の会員たる商工業者の親族であり、かつその会員の営む事業に従事する女性

・商工会女性部の主な事業

・研修活動に関すること
・広報および意見活動に関すること
・地域活動に関すること
・生活改善活動に関すること
・社会一般の福祉の増進に関すること
・その他、商工会の目的を達成するために必要な事業を行なうこと

【商工会議所青年部（ＹＥＧ）】

商工会議所青年部は、次代の地域経済を担う若手経営者や後継者の相互研鑽の場として、また青年経済人としての資質の向上と会員相互の交流を通じて、企業の発展と豊かな地域経済を築くことを目的としています。

各地の商工会議所に設置されており、全国に４１３部あり、３万２０００人を超える部員がいます。

・部員資格

会員事業所の経営者または後継者など

・商工会議所青年部の主な事業

・組織力強化活動
・ビジネス活動
・研修活動
・提言活動
・広報活動
・交流活動

【商工会議所女性会】

商工会議所女性会は、会員相互の連携を促進し健全な発展を図るとともに、商工会議所の組織基盤を強化し、もって商工業の改善発達に寄与することを目的としています。

全国に417会あり、2万2000人を超える会員を有する女性経営者団体です。

・入会資格

商工会議所会員事業所の女性経営者ならびにその役員など

・商工会議所女性会の主な事業

・女性起業家支援
・地球環境保全活動
・教育再生への取組と身近な子育て応援活動の推進
・社会福祉活動
・行政に対する意見要望活動など
・国際活動
・広報活動

部会・交流会で年代を超えた人脈をつくる

健人「青年部に入って、たくさんの知り合いができました!」
社長「それはよかったね。健人君は青年部のほかに部会などには参加しているかい?」
健人「案内通知がきているのですが、なかなか参加できなくて……」
社長「青年部は年齢制限があるので、似たような年代の知り合いはできるね。さらに部会や会員交流会などに参加すると、先輩経営者などとも知り合うことができるので多くのことが学べるよ。仕事に関する悩みの相談をしたり、様々な役に立つ情報を教えてもらえることもあるので、今度、時間をつくって参加してみるといいよ」

地域とのつながり、人とのつながり

ビジネスを実施していくうえで、地域とのつながりは重要であるとともに、同業者や異業種の人との情報交換や人脈づくりを通じて、ビジネスチャンスが生まれ、企業の成長の可能性が高まります。
しかし、各商工会や商工会議所によっては、異業種交流会やビジネス交流会が開催されていないこともあるので、確認してください。

【部会】

会員事業者が営んでいる主要な事業の種類ごとに、それぞれの事業の適切な改善発達を図るために部会が設置されています。会員事業者は業種に応じていずれかの部会に所属して、情報交換や親睦を図ることができます。
それぞれの部会ごとに商工業に関する諸問題の協議や意見交換をしたり、交流会、講演会、視察会などを開催し、会員事業者が親睦や情報交換を行なう機会を提供しています。

【異業種交流会】

業界や業種の垣根を越えた交流を促進することで、より活発な情報交換や新たなビジネス創出を目的に開催されています。また講演会も併せて実施されることもあります。

【ビジネス交流会】

商工会や商工会議所が共催し、会員事業所同士の情報交換、人的交流を目的に開催しています。地域を超えた様々な業種、規模の事業所の人との新しい出会いがあり、情報交換や新たなネットワークを構築できるため、ビジネスチャンスを拡大することができます。

そのときに慌てないようスムーズに事業承継をしよう

健人「近所のお店の社長と話をしているときに、『そろそろ廃業しようかな』って言われました。子供のころから親しんでいたお店なので、とても寂しい気持ちです」

社長「いろいろな事情があるのだろうけど、全国でも廃業予定の企業は本当にたくさんあるんだよ」

健人「そうなんですね。企業が廃業すると影響も大きいですよね……」

社長「従業員や取引先にも影響があるし、築き上げてきた企業独自のノウハウもなくなってしまう可能性があるね」

健人「お子さんがいても、事業承継がうまくいっていない企業もあるって聞きますね」

社長「事業承継と言うと、相続税対策が初めに頭に浮かぶかもしれないけど、それだけじゃないんだよ。親子という一番身近な存在だからこそ、うまくいかないこともあるから、第三者に間に入ってもらうほうがいいこともあるんだよ」

健人「経営指導員の方に、パイプ役になってもらうのもいいかもしれませんね」

事業承継対策は先送りできない！

少子高齢化社会が到来し、中小企業経営者の高齢化も急速に進む中で、事業承継の重要性が極めて高くなってきています。自らが創業したり、先代から経営を引き継いだ経営者も、いつかは第一線を退き、事業承継をするときがきます。

「先々のことを考えると不安だが、日常業務で手一杯だ」「まだまだ現役なので、後継のことは先のことだ」と思って、事業承継対策を先送りにしていると大変なことになります。

例えば、次のような短期間では解決しにくい様々な問題が発生する可能性があります。

・後継者が経営のノウハウを知らない
・株主や取引先、従業員の信頼が得られない
・代表者の個人保証や個人資産を担保に入れて借入を行なっている場合、金融機関との調整が必要になるが、後継者に金融に関する知識がない
・お家騒動に発展してしまう

このような状況にならないよう、事業承継をするタイミングになって慌てることがないように、準備をしておくことが重要です。

こんな悩みはありませんか？

●重要性はわかっているが、何から手をつけていいかわからない
●親族だけで話をすると、話がうまく進まない
●誰に相談したらいいかわからない
●後継予定者がキャリア不足で頼りなく、事業承継のやり方がわからない
●連帯保証・担保差し入れがある状況で、どのように後継者に引き継がせたらいいかわからない
●事業承継をするための事業承継計画を作成したいが、方法がわからない

事業継承について上記のような悩みがある場合には、早めに最寄りの商工会や商工会議所に相談に行ってみてください。

どのような形で承継する場合でも、事前に十分な対策を立てて、事業承継のタイミングを迎えることが大事です。

商工会・商工会議所の事業承継支援

商工会や商工会議所では、スムーズな事業のバトンタッチを支援しています。親族に承継する場合や従業員に事業を受け渡すケースなど、あらゆる事業承継に対する支援をしてくれます。

経営者として十分な能力が発揮できるように後継者の育成をしたり、株式の贈与、相続や売却など税制や資金面の問題にも対処するために、経営指導員と一緒に中長期的に事業承継計画を策定しておく

と、先行きの見通しが明確になります。

商工会や商工会議所では、具体的に事業承継対策に取り組みたい会員事業者に対して、専門家とともに個別支援も行なっています。

事業承継には、会社法や民法、相続税法などの様々な法律や会計処理などの専門知識が必要であるため、最適な専門家を派遣してフォローしてくれます。

また、事業承継をテーマとしたセミナーを開催している商工会や商工会議所もあるので、事業承継はもう少し先のことと思っている人も、将来に備えて知識を得ておくといいと思います。

事業承継対策を早めに準備しておくと、これまでに培ってきた目に見えない財産やノウハウなど、様々なものを次世代に残すことができます。

誰にでもいつかは訪れる問題なので、まだ先のことだと思わずに、早めに対策をとっておきましょう。

事業を引き継いでくれる相手がいないときは？

「事業引継ぎ支援センター」を利用する

「事業引継ぎ支援センター」は、国（中小企業庁）の事業として国が認定した支援機関（商工会、商工会議所など）が中小企業のM&A（※）を支援する公的機関であり、利害関係のない中立の立場でアドバイスを無料で実施しています。

後継者不在などで事業の引継ぎを検討する中小企業・小規模事業者の経営資源を引き継ぐ意欲のある中小企業・小規模事業者などに対して、専門家が、事業引継ぎに係る課題の解決に向けた適切な助言、情報提供およびマッチング支援などを実施するために、「事業引継ぎ支援センター」は各都道府県にあります。

インターネットで『事業引継ぎ支援センター　都道府県名』と検索すると連絡先がわかります。

「事業引継ぎ支援センター」の利用の流れ

面談	【1次対応】 最寄りの事業引継ぎ支援センターに相談(無料) 中小企業者などの事業引継ぎ(M&A)、親族・従業員承継などに係る相談に対応し、事業引継ぎを行なうか否かの判断を実施
▼	事業引継ぎ(M&A)の見込み、支援希望がある場合
紹介	【2次対応】 登録民間支援機関(仲介機関)への紹介など
▼	事業引継ぎの可能性があり、登録民間支援機関(仲介機関)が決定した場合
支援	登録民間支援機関(仲介機関)が事業引継ぎ(M&A)を支援 ※仲介機関と契約を行なった場合、それぞれが定める手数料が発生
▼	売買交渉に双方が合意した場合
成約	事業引継ぎ(M&A)の成約

※M&Aとは、合併（Merger）と**買収**（Acquisition）の略です。M&Aの意味は、2つ以上の会社がひとつになったり（合併）、ある会社が他の会社を買ったりすること（買収）です。

「後継者人材バンク」を利用する

創業者などによる事業引継ぎの可能性を拡大強化するために「後継者人材バンク」を設置し、創業予定者の登録（無料）を募集している都道府県もあります。「後継者人材バンク」は前述した公的相談窓口である「事業引継ぎ支援センター」が運営する事業です。

創業を目指す起業家や経験・技術を活かして独立したい人と、後継者不在の会社・事業主をマッチングすることで、起業家の創業実現と後継者不足に悩む事業主の事業継続の支援をすることが目的です。「後継者人材バンク」は、あらゆる業種（例：建設業、製造業、飲食店等）で相談を受けています。

なお、この事業を活用する場合、次の点について注意が必要です。

後継者不在の事業主の経営者候補として、起業家を引き合わせる事業なので、従業員としての雇用の斡旋を行なうものではありません。

また登録しても、紹介までに長時間を要したり、希望条件に合致する引き合わせができない場合もあります。

こんな悩みはありませんか？

事業引継ぎ

- 後継者がいない。今後、事業を誰に任せたらいいのかわからない
- 従業員のために、事業を継続させたい
- 取引先に迷惑をかけずに、事業を引き渡したい
- 譲渡契約書の作成や株価評価を支援してくれる専門家を紹介してほしい
- 借入金が残っているが、このまま事業を引き渡せるのかわからない
- 第三者の支援を受けて、会社のノウハウを活かしたい

事業引受け

- 業容拡大のため同業他社を譲り受けたい
- 他の企業を買収したいが、どのように進めていけばいいかわからない。異分野に進出したい
- 新規取引先を獲得したい

「後継者人材バンク」の利用については、以下のようなメリット、デメリットがあります。

【メリット】

・事業意欲、経営意欲のある人にとって、従業員としての就職ではなく、後継者として経営者の道を選ぶことができる
・既存の取引先、店舗、経営ノウハウ等の経営資源を引き継ぐため、起業リスクを低く抑えることができる
・事業に精通した事業主のアドバイスを受けながら、経営者として成長できる
・Uターン・Iターンで経営者になることも可能である
・事業の存続を望む従業員や取引先、地域からの期待に応えることができる

「後継者人材バンク」の利用の流れ

申込み	「後継者人材バンク登録申込書」に必要事項を記入して申し込む
面談	企業に対する意欲、希望条件などを聞き取りして「後継者人材バンク」に登録 ※センター相談員との面談の結果、登録に至らない場合もある
紹介	登録者の希望に沿った後継者不在の事業主を無記名（ノンネーム）で情報を紹介
引き合わせ	希望の条件に合致する事業主が現われた場合、双方の意志を確認し、秘密保持に関する手続きを行なったうえで引き合わせを行なう
成約	条件面で合意に達した場合、基本合意書を締結。 事業引継ぎの実現

【デメリット】

・ゼロからの起業と異なり、既存の社員や既存の組織風土、慣習があるので、一定期間は後継者がそうした状況を受け入れる必要がある

・後継者として、事業主と経営方針をすり合わせる必要がある

・既存の店舗を引き継ぐような場合、立地や規模が制限される

・後継者に現在の経営者の想いを十分に理解してもらうまでに時間がかかる場合がある

・事業に関する前経営者の債務の引継ぎが必要となる場合がある

著者略歴

大田　一喜（おおた　かずき）

中小企業に対して専門性の高い支援事業を行なう、認定経営革新等支援機関（中小企業庁が認定）である「パートナー中小企業診断士事務所」代表、中小企業診断士。

1976年大阪生まれ。神戸大学経営学部卒業後、民間企業（製造業）に勤務して連結決算や子会社の経理指導、原価計算業務に従事。その後、公的支援機関にて中小企業、小規模事業者の経営支援などを8年間経験して独立。

「ワクワクしながら経営していただきたい!」をモットーに、経営者のよきパートナーとして経営支援に携わっている。むずかしい専門用語や計算式を使わずに、中小企業や小規模事業者をキャッシュフロー経営に変えるのが得意で、主に資金調達、事業計画作成、販売促進、社員教育をサポートしている。補助金の審査員も務めながら、交付決定額1億円の補助金の採択をはじめ、数多くの補助金申請にも携わっている。

全国の中小企業などを対象に、実質無借金の会社から再建中の会社まで、幅広く経営をサポートしながら、セミナー活動も行なっている。

ホームページ●http://partnerota.com/
e-mail●partnerota@gmail.com

経営者のための
商工会・商工会議所150%トコトン活用術

平成30年9月4日　初版発行

著　者 ―― 大田　一喜

発行者 ―― 中島　治久

発行所 ―― 同文舘出版株式会社

東京都千代田区神田神保町1-41　〒101-0051
電話　営業03（3294）1801　編集03（3294）1802
振替00100-8-42935　http://www.dobunkan.co.jp

©K.Ota
ISBN978-4-495-54009-8

印刷／製本：萩原印刷　Printed in Japan 2018

JCOPY 〈出版者著作権管理機構 委託出版物〉

本書の無断複製は著作権法上での例外を除き禁じられています。複製される場合は、そのつど事前に、出版者著作権管理機構（電話 03-3513-6969、FAX 03-3513-6979、e-mail: info@jcopy.or.jp）の許諾を得てください。